내 인생아 흥해라

내 인생아 흥해라

발행일	2023년 12월 29일

지은이	이주현, 허유미, 이수정, 유효실, 비움(BIUM), 정미숙, 정경숙		
펴낸이	손형국		
펴낸곳	(주)북랩		
편집인	선일영	편집	김은수, 배진용, 김부경, 김다빈
디자인	이현수, 김민하, 임진형, 안유경, 최성경	제작	박기성, 구성우, 이창영, 배상진
마케팅	김회란, 박진관		
출판등록	2004. 12. 1(제2012-000051호)		
주소	서울특별시 금천구 가산디지털 1로 168, 우림라이온스밸리 B동 B113~114호, C동 B101호		
홈페이지	www.book.co.kr		
전화번호	(02)2026-5777	팩스	(02)3159-9637

ISBN	(종이책) 979-11-93716-12-0 03190	(전자책) 979-11-93716-13-7 05190

(주)북랩 성공출판의 파트너

북랩 홈페이지와 패밀리 사이트에서 다양한 출판 솔루션을 만나 보세요!

홈페이지 book.co.kr • **블로그** blog.naver.com/essaybook • **출판문의** book@book.co.kr

---

작가 연락처 문의 ▸ ask.book.co.kr

작가 연락처는 개인정보이므로 북랩에서 알려드릴 수 없습니다.

7가지 인생 자본을 만드는 비결

내 인생아
흥해라

이주현 · 허유미 · 이수정 · 유효실 · 비움(BIUM) · 정미숙 · 정경숙 공저

북랩

사람이 태어난 이유를 물어본다면, 행복하게 살기 위해 태어났다고 대답할 수 있다. 태어난 환경은 각기 다르지만 바라는 소망은 하나, 잘 살고 싶다는 바람일 것이다.

대부분 어려서는 부모 슬하에서 보호받고 양육을 받으면서 이런 행복은 당연한 것으로 여기다가 성장하면서 인생이 그렇게 뜻대로 되지 않는다는 걸 느낀다.

"나는 왜 이럴까?"

"나는 왜 안 되지?"

인생은 준비하는 자의 몫이라고 한다. 하물며 소풍을 가려 해도 준비할 게 많다. 긴 인생 잘 살아가는 가방을 준비한다면 삶의 여정이 더 행복해질 것이다. 여기 일곱 분의 작가들이 삶의 경험을 녹여내어 인생을 흥하게 하는 밑천을 만드는 비밀을 정성껏 기술했다.

신체 자본으로 건강한 몸이 되면 하고 싶은 일을 할 수 있다.
심리 자본으로 어떤 역경도 이겨내는 정신력을 갖출 수 있다.
경제 자본을 만들어 생활의 여유를 만끽할 수 있다.
사회 자본을 만들어 풍성한 관계가 주는 기쁨을 누릴 수 있다.
문화 자본을 만들어 삶의 재미를 느끼며 살아갈 수 있다.
언어 자본으로 상류층 언어를 쓰며 품위 있게 살 수 있다.
가치 자본으로 고유한 내적 아름다움을 갖춰 살아갈 수 있다.

삶은 만들어가는 것!
행운도 만들면 되고 행복도 만들면 된다.
인생의 7대 자본을 차근차근 만들어가자.
처음부터 다시 한 걸음씩 만들어보자.
읽고 실행하면 반드시 이루어진다.
단, 포기하지 않아야 한다.
포기하지 않는 자에게 반드시 보상이 있다.

혹 삶이 바닥이라면 가장 먼저 체력을 만들자. 아르바이트를 하면서 생활비만 메꾸고 운동을 시작하자. 그렇게 체력이 올라오면 책을 읽자. 하루 3시간만 도서관에 다니면서 아무 책이나 읽자. 책을 읽으면 정신적인 면, 심리적인 면이 많이 개선되고 아이디어가 떠오른다. 그 아이디어를 따라가면 앞길이 환하게 열릴 것이다.
인생을 확 바꾸는 책들을 읽으라. 바로 이 책의 「경제 자본」 부

분부터 읽으라.

이미 삶의 균형을 잡고 살아가시는 독자라면 이 책으로 어떤 자본에 의미를 두고 살아왔는지, 앞으로 어떤 부분을 보완할 것인지 성찰해보는 것도 좋으리라.

내 인생, 흥해라!

2023년 12월
대표 작가 이주현

목차

7장 가치 자본 ──────────────── **정경숙**

1장

신체 자본

허유미 작가

초등교사로 재직하다 명예퇴직 후 인도네시아에 거주하고 있다.
매일 아침, 줌으로 3년째 요가와 운동을 무료로 지도하고 있다.
건강은 물론 탄탄한 몸매를 유지하고 있으며,
'건강제일'이라는 모토 아래 오늘도 팀원들과 함께
운동 전도사로 활동 중이다.
본서에서는 「신체 자본」을 집필했다.

운동은 선택이 아닌 필수

『운동의 뇌과학』의 지은이 제니퍼 헤이스 박사는 한때 심한 강박장애를 앓았다. 절망적인 상태에서 어느 날, 자전거를 타면서 기분이 좋아지고 강박장애가 잦아드는 걸 발견한다. 이 사실에 고무된 제니퍼는 계속 운동하여 철인 3종 경기를 완주한 후에 완쾌의 기쁨을 맛보았다. 그 후 이 분야를 계속 공부하여 인지신경과학 박사 학위를 받았다.

운동은 우울증을 예방하고 노화를 막아준다

이 책은 몸을 움직일 때 우리 뇌에 생기는 놀라운 변화가 어떻게 우울증, 불안장애, 수면장애 극복에 도움을 주고 집중력, 창의력 향상, 노화 지연에 영향을 미치는지 삶의 다양한 각도에서 탐험한 '뇌과학 기반 운동 실천서'다. 저자는 이 책에서 불안장애로 인해 힘겨웠던 육아와 자신의 결혼 생활을 진솔하게 털어놓으며, 사방이 막힌 듯 인생이 막막했을 때 운동이 자신을 구출했던 과정을 드라마틱하게 서술한다. 박사의 주장을 간단히 알아보자.

어떤 운동이든 1주일에 1시간만 해도 우울증이 예방된다.

운동은 노화를 막고 기분을 좋게 하는 효과가 있다.

이 효과를 얻으려면 '인터벌 운동'이 특히 좋다.

3분 느리게 걷다가 3분 빠르게 걷는 운동이다. 옆 사람과 이야기하기 힘들 정도까지 운동 강도가 올라가면 더 효과가 높다.

나이 50이 넘으면 여기저기 아프다. 나 역시 50대가 되면서 침대를 많이 사랑하게 되었다. 밥만 먹으면 식곤증이 몰려와 눈꺼풀이 감겼다. 삶이 한없이 무거워졌다. 활기는 사라지고 행동은 느려지기 일쑤였다. 밥맛도 없고 생활도 즐겁지 않았다. 뭔가를 하고 싶은 의욕도 없이 그저 쇼파에 누워 TV 드라마를 멍하니 보고 있었다. 너무나 무기력한 나를 마주 보기 힘들어 운동을 시작했다.

'그래, 운동을 하면 내가 하고 싶은 것을 신나게 할 수 있고, 체력이 바탕이 되면 다시 새롭게 내 삶을 펼칠 수 있을 거야.' 2022년 초부터 아는 후배와 같이 매일 아침 6시 20분부터 7시 20분까지 1시간 동안 근력 운동을 시작했다. 혼자 하면 작심삼일이 되고 꾸준히 하기 힘들 것 같아서 함께 시작했다. 1개월 후부터 신체의 컨디션이 달라지는 것을 직감했다. 필라테스 호흡법과 스트레칭을 접목한 운동의 효과로 다시 희망이 생겼다. 온몸을 비틀고 에너지를 순환시키는 운동을 하니 몸이 가뿐해졌다. 에너지가 생기니 발걸음도 가벼워지고 자꾸 움직이고 싶어졌다.

호흡법을 병행한 요가를 하면 온몸의 에너지가 깨어나기 시작하고 근육들이 자극을 받아 힘이 생긴다. 특히 중요한 등 근육과 허벅지 근육 운동에 집중했다. 등 근육은 몸의 기둥이다. 등 근육에서도 척추의 아래쪽 기립근을 강화해야 자세와 호흡이 원활해진다.

또, 허벅지 근육은 스쿼트 150개로 자극을 주었다. 등과 허벅지, 이 두 부분이 중요한 이유는 여기에 갈색 근육이 있기 때문이다. 갈색 근육에 들어있는 미토콘드리아 세포, 즉 갈색 지방세포는 우리 몸의 매우 중요한 에너지 생산 공장이다. **등과 허벅지, 이 두 근육에 우리 몸을 건강하게 만들어주는 '에너지 생산 공장(ATP)', 즉 생명 발전소가 있기 때문이다.** 이 공장이 등 근육과 허벅지 근육에만 있기에 반드시 운동을 해야 한다. 이렇게 ATP 에너지 생산으로 몸의 활성화가 이루어지면 생활은 밝아지고 하루하루 활력이 넘친다. 근육 운동으로 미토콘드리아 기능이 좋아지면 **노화를 늦추고 질병을 억제한다**는 사실이 많은 연구를 통해 밝혀지고 있다. 미토콘드리아 기능이 떨어지면 우리 몸은 영양분을 제대로 활용하지 못하고 에너지 생산도 저하되어 비만, 심혈관계 질환, 당뇨병 같은 노화 관련 질환 발병률이 높아진다.

내 인생아 흥해라

이처럼 노화를 방지하거나 100년 쓸 튼튼하고 건강한 몸을 만들고 유지하기 위해서는 에너지를 만드는 세포 기관을 활성화시켜야 한다. 에너지 조성 공장인 **미토콘드리아가 에너지를 풍부하게 생산할 수 있는 환경을 제공하는 것은 '우리 자신의 몫'이다.** 등과 허벅지 운동 외에도 규칙적인 운동과 자연의 음식을 섭취하고 충분히 쉬어야 한다.

이렇게 1시간 근육 운동으로 좋은 효과가 나타나고 있다. 함께 운동하는 후배는 싱글벙글 웃으며 이렇게 말한다.

"언니, 근력 운동을 해서 그런지 골프 레슨 받을 때 하나도 힘들지 않아요. 근육 뭉치는 것이 없고 아주 편안해요! 고마워요!"

기쁨의 미소가 만발한 얼굴이 보기 좋다. 나 역시 삶의 활력소가 생겨 살아 있는 컨디션으로 레슨하고 있다. 의욕적으로 변한 내가 좋다. 악기 연습, 회화 공부, 수업 4시간도 거뜬하다. 아침 5시에 기상해서 저녁 10시까지 온종일 움직여도 피곤하지 않으니 운동의 효과를 톡톡히 보고 있는 셈이다.

이제 운동을 시작한 지 2년이 다 되어간다. 지금은 몇 명의 지인들이 줌으로 서로를 확인하며 하루 1시간 근력 운동을 꾸준히 하고 있다. 지인들은 몸이 단련되어 가고 싶은 곳을 활기차게 다니고 하고 싶은 걸 얼마든지 경험할 힘이 생겼다고 말한다.

"매주 1회 등산을 꾸준히 하는데 아무 문제가 없어요."

"근육의 양이 많아지면서 최상의 삶을 누리고 있어요."

좋은 변화들이 이어지고 있다. 나에게도 근력 운동 1시간은 최고로 소중한 시간이다. 이 좋은 습관 하나가 내 삶을 밝게 비추고 있다.

누군가 '근육은 연금이다'라고 했다. **근육은 내가 노력하면 얻을 수 있는 최상의 선물이다.** 혹 내 손에 아무것도 없어 기운이 없다 생각된다면 먼저 근육을 만들자. 그러면 저절로 일이 풀려나갈 것이다. 행복이나 성공도 몸이 건강한 만큼 그 그릇에 담긴다. 억만금이 있어도 병으로 병원에서 고통받는 이들에게는 아무 소용이 없다. 질병으로 한 달만 병원에 누워보라. 팔다리 근육이 다 빠져 말라깽이 나무젓가락처럼 된다. 움직여야 살아난다. **근육이 있어야 삶이 되살아난다.**

근육이 연금이다

근력 운동이 건강에 어떤 방식으로 좋은 영향을 미치는지 미국 건강정보 사이트 웹엠디(WebMD)를 통해 알아보았다.

① 뼈를 튼튼하게 한다.

골다공증은 나이가 들면서 뼈가 약해지는 것이다. 근력 운동은 골다공증 악화를 막고 예방하는 데 도움을 줄 수 있다. 운동은 뼈를 형성하는 세포를 활성화시킨다. 근력 운동으로

내 인생아 흥해라

가장 큰 이점을 볼 수 있는 신체 부위로 골반, 척추, 손목 등이 있다. 모두 골다공증 가능성이 높은 부위다.

② 살이 빠진다(다이어트 효과).

웨이트 리프팅은 체중 감량에 효과가 있다. 근력 운동은 체지방을 없애고 더 많은 칼로리를 태우는 데 도움이 된다. 근육을 건강하게 유지하는 것은 걷기나 달리기와 같은 유산소 운동 시 발생할 수 있는 부상 예방에도 좋다.

③ 균형 감각이 좋아진다.

나이가 들수록 다리에 힘이 없어 잘 넘어지고 골절이 생길 수 있다. 무게를 두 다리 힘으로 들어 올리거나 밀거나 하는 레그 익스텐션, 레그 컬, 레그 프레스, 걷기와 같은 운동은 하체를 튼튼하게 하고 균형 감각을 향상시킨다.

④ 통증이 개선되고 건강해진다.

근력 운동은 근육을 사용하는 운동이다. 평소 허리에 통증이 있는 사람이 근력 운동을 하면 허리나 복부와 같은 코어 부위가 강화되어 통증이 개선될 수 있다. 또한 나이가 들어도 근육이 좋은 상태를 유지할 수 있다. 이는 걷기와 들기(lifting) 같은 기본적인 활동에 중요하다.

⑤ 유연성이 좋아진다.

뼈 주위 근육을 키우면 관절이 부드러워지고 부기가 완화되며 골 소실을 늦추는 데 도움이 된다. 관절염과 같은 질환으로 뻣뻣함이 있는 사람에게 특히 필요하다.

⑥ **심장마비 위험이 낮아진다.**

한 연구에 따르면, 일주일에 한 시간 웨이트 트레이닝을 하면 심장마비나 뇌졸중 발병 가능성이 최대 70% 낮아진다고 한다. 한 번에 할 필요는 없고 일주일에 3회, 20분 정도로 나누어 해도 좋다.

⑦ **제2형 당뇨병 위험을 낮춘다.**

제2형 당뇨병을 예방하는 데 있어 근력 운동의 중요성은 유산소 운동보다 중요하게 생각되지 않았다. 하지만 근력 운동은 신체의 포도당 처리를 돕고, 신진대사를 개신하며, 체중 감량에 도움이 되는 등 당뇨병과 관련된 여러 문제에 도움이 될 수 있다는 연구 결과가 보고되고 있다.

우리 몸은 근육이 있어야 살아갈 힘을 얻는다. 근육을 만들어야 우리 삶은 생기를 얻고 의욕이 되살아나며 신나게 살아갈 수 있다. 하고 싶은 일을 맘대로 하지 못해 힘들다면 운동을 해보라. 운동은 인생 자본 중에서 가장 기본이 되는 자본이다. 돈이 없고 실력이 없어도 성공할 수 있다. **근육을 기르면 그 튼튼한 몸으로 무엇이든 할 자신감이 생긴다. 건강한 몸에 건전한 정신이 깃든다. 건강한 정신으로 못 할 게 없다.** 『마녀체력』의 저자 이영미 작가는 체력의 중요성에 대해 이렇게 말한다.

"이루고 싶은 것이 있거든 먼저 체력을 키워라."

그녀는 편집자로서 밤낮으로 일하며 온몸이 피곤에 절어 비실비

실하다가 운동을 시작했다. 마침내 마라톤을 완주하고, 철인 3종 경기까지 소화했다. 지금은 매우 건강해져 많은 업무를 술술 해치우며 활기차게 살고 있다. 에너지를 충전하는 근육 운동은 삶을 빛내는 가장 기본적인 자본이라 할 수 있다.

나이 들면 누구에게나 오는 **질병은 우연히 생긴 게 아니라 평소 건강관리를 하지 않았기 때문이다.** 몸 여기저기가 아프다는 것은 건강관리에 소홀한 탓이다. 나이가 들어서가 아니라, 기후가 나빠서가 아니라 몸을 꼼꼼히 돌보지 않았기 때문이다.

운동은 선택이 아니라 필수다. 행복하게 사는 사람들은 운동으로 몸을 만든다. 오늘 당장 운동을 시작해보라. 단 5분씩만 스쿼트를 해도 허벅지에 힘이 오른다. 그 힘으로 멋진 인생을 만들기 위해 차근히 노력하여 힘차게 날아오르라!

02

음식으로 건강을 만드는 방법

✴

소식, 운동, 건전한 생각이 내 기본적인 삶의 철학이다. 하나도 버릴 것이 없다. 소식을 베이스로 좋은 음식은 내 몸을 만들기에 가장 중요한 부분이다.

매일 아침, 간단한 채소와 과일 종류로 식사한다. 아침 식탁을 차리면서 가장 기본으로 야채를 준비하고 과일(망고 드라곤, 사과)을 빠트리지 않는다. 발사믹 소스, 올리브유, 꿀을 섞은 드레싱 소스를 야채·과일에 끼얹어 먹는다. 이렇게 먹으면 속이 편안하고 오전 활동이 자연스럽다. 소식으로 속이 편안하니 배변 활동도 잘 된다. 운동하기에도 아주 좋은 컨디션이다.

다이어트 전문가들은 오전 시간은 배출 시간이고 12시 이후부터 몸이 흡수하기 시작하는 시간이라고 말한다. 아침에 밥이나 반찬을 많이 먹는 건 무리다. 몸은 비우려고 하는데, 반대로 꾸역꾸

내 인생아 흥해라

역 먹이는 건 순리에 어긋난다.

매일 이런 루틴으로 몸의 음식에 대한 요구를 자연스레 받아들이고, 내가 좋아하는 일을 하고, 취미 활동과 운동을 하며 활기차게 생활한다. 여기에 삶에 대한 감사함이라는 부드러운 마인드의 소스까지 곁들이면 금상첨화다. 단, 과식은 금물이다. 위장에서 편하게 소화할 수 있는 양이 좋다. 알맞게 먹으면 속이 더부룩하거나 불편함이 없다. 사람들은 병들었을 때 좋은 약이나 음식을 찾는데, 먼저 나쁜 음식부터 끊어야 한다. 아무리 좋은 음식이라도 독을 섞어 먹는다면 될 말인가?

나쁜 음식을 먹지 마라

최근에는 어린이나 청소년들 중 성인병 환자가 늘어나고 있다. 그도 그럴 것이 우리나라의 축하 음식은 치킨, 피자가 된 지 오래다. 생일이나 졸업식, 입학식을 축하하는 날에는 어김없이 이런 음식들을 먹는데 이런 음식은 우리 몸에 엄청난 무리를 준다. 튀긴 닭의 경우에는 기름을 튀길 때 트랜스 지방이 많이 만들어진다. **설·밀·나·튀**(설탕, 밀가루, 나쁜 기름, 튀김) **이 4가지만 끊어도 따로 다이어트를 할 필요가 없다**고 주장하는 다이어트 과학자 최겸 씨는 그의 책 『다이어트 사이언스』에서 이렇게 말한다.

"자동차에 누군가 스크래치를 내면 기분이 어떨까요? 화가 나고, 기분 나쁘고 속상하겠지요? 그런데 우리는 왜 매일 자기 몸에 내는 스크래치는 생각하지 않을까요? 대사를 망치는 음식을 먹을 때마다 세포가 망가져요. 또 하루 7시간 미만으로 잠을 자면 신경 시스템, 호르몬 시스템이 망가져요. 나이가 드는 건 막을 수 없지만 어떻게, 어떤 속도로, 어떤 양상으로 늙을지 결정할 수 있어요. 톰 크루즈와 아이스맨을 보세요. 나이는 똑같이 60이지만 몸 상태는 전혀 다르지요. **오늘의 몸 상태는 하루하루 습관이 모여서 만든 결과물입니다.** 30년 뒤에 동안이 될지 늙은이가 될지는 각자 습관의 결과입니다."

나이 들어서 병드는 게 아니라 관리 부족으로 병든다. 아무거나 마구 먹은 결과, 성인병이 늘어난다. 함부로 먹은 결과다. **좋은 음식이나 약을 먹기보다는 나쁜 음식을 몸에 들이지 않는 게 더 중요하다.** 몸에 좋은지 나쁜지 가리지 않고 아무거나 먹으면 기름기 가득해진 혈액은 끈적이는 물질들로 좁아지고 결국 고혈압이나 뇌졸중을 만든다. 각종 첨가제들 역시 간이나 신장이 걸러내느라 말할 수 없이 피로해진다.

채소·과일식의 다이어트 효과

최근에 『채소 과일식』(조승우 저) 책을 읽었다. 몸이 편안하게 소화하고 온몸에 영양분을 보내는 데 부족함이 없는 채소·과일식을 권하는 저자는 그 효과를 이렇게 말한다.

"아침에 채소·과일식을 하면 다이어트가 아주 쉽습니다."

"암 환자도 채소·과일식을 하면 암 수치가 확 내려갑니다."

"건강기능식품보다 채소·과일식이 더 효과가 좋습니다."

각종 가공식품은 유해 물질을 많이 넣어 만든다. 오랜 기간 상하지 않게 넣는 방부제를 위시하여 각종 색소, 유화제, 점증제, 보존제 등으로 범벅이 된 공장 식품들은 죽은 음식이다. **에너지 가득하고 살아 있는 과일과 야채가 진짜 몸에 좋은 음식이다**(『채소 과일식』 중에서).

그럼 채소·과일식의 간단한 버전은 어떤 걸까? 사과, 당근, 양배추를 잘게 썰어 믹서기에 넣고 물을 조금 부어 갈아 먹는다. 여기에다 삶은 달걀 한두 개면 끝이다. 보건복지부가 만든 '국민 암 예방 10대 수칙'에도 야채와 과일을 충분히 먹으라고 권하고 있다.

과자 공장에 다니는 지인은 절대로 자녀에게 과자를 안 먹인다. 과자에 들어가는 수많은 첨가물을 보면 도저히 내 자녀에게 먹일수가 없다고 한다. 육가공품도 마찬가지다. 아이들이 좋아하는 소시지에도 많은 첨가물이 들어간다. **단맛을 내기 위해 각종 음료나 막걸리, 과자 등에 넣는 '아스파탐'은 극소량이라도 신경계에 치명적인 물질이다.** 원료비가 싸다는 이유로 각종 과자, 음료, 막걸리 등에 넣고 있는 실정이다. 아스파탐을 금지하자는 말이 2023년 9월경에 신문과 방송에 나오고 이슈화되었지만 흐지부지되고 말았다.

자연주의를 표방한 만화가 배준걸의 '생채식 다이어트 프로그램'에 참여한 지인의 이야기를 들었다. 배 대표는 일본에서 한때 잘나가는 만화가로 이름을 날렸지만, 생채식을 하기에는 한국의 현미나 과일의 질이 훨씬 좋다며 귀국했다. 그의 주장대로 하루 한 끼 과일과 야채, 견과류로 식사하면서 지인은 변비와 비만이 말끔히 해결되고 동시에 몸이 아주 가벼워졌다고 기뻐했다. 생채식 다이어트 프로그램을 요약하면 이렇다.

① 마음껏 아무것이나 먹어도 다이어트가 된다(일반식).
② 하루 한 끼는 반드시 채소·과일식을 해라(채소·과일식).
③ 알려준 운동을 꼭 해라(운동).

이 3가지가 전부였는데 많은 이들이 다이어트 효과를 봤다. 질병이 나은 이야기도 수두룩하다. **역시 채소·과일을 먹으면 살아 있는 효소가 몸을 살린다. 효소는 음식을 분해하고 흡수하는 데 필수적이다.** 쾌변도 섬유소가 많은 채소·과일로 해결된다.

내 인생아 흥해라

행복 호르몬이 증가하는 효소, 채소·과일

점점 늘어나고 있는 현대인들의 **우울증 역시 음식으로 해결이 가능하다**면 얼마나 놀라운가? 우울을 단숨에 걷어버리는 행복 호르몬인 세로토닌의 효과다. 우리 뱃속에는 수많은 미생물들이 살고 있는데, 이들의 대사산물이 바로 세로토닌의 양을 늘린다는 의학계의 보고가 있다. 행복 호르몬인 세로토닌을 늘리려면 장내 미생물 중에 유해균보다 유익균(유산균)이 많아야 한다. 이를 돕는 게 바로 효소다. 요약해보자.

행복 호르몬 증가 ← 미생물 대사산물 ← 유익균 ← 효소 ← 야채·과일

유익균의 먹이는 섬유소가 많은 야채와 과일이다. 또한 유해균 증식을 돕는 음식은 줄여야 한다. 패스트푸드, 육가공품, 햄버거, 피자, 치킨 등은 먹지 않는 게 좋다.

음식을 먹는 방법에 대한 신기한 이야기를 들은 적이 있다.
'아무거나 먹어도 건강해요.'
이분은 되는 대로 먹는다고 하는데 몸이 아주 건강해서 그 이유가 무엇인가 물었더니 웃으며 대답했다.
"먹는 시간을 지켰습니다. 그것뿐이에요!"
식사의 종류는 한계를 두지 않고 먹되, 아침 점심 저녁 **먹는 시간을 정해서 식사를 한다. 두 달쯤 지나자 온몸에 기운이 넘치고**

마음도 평온해졌다고 놀라워했다.

먹는 게 곧 그 사람이다. 몸에 안 좋다는 음식을 먹고 병에 걸린 다음 치료하고 수술하고 암 투병하는 어리석은 일은 이제는 그만 해야 한다. 특히 새벽과 아침 배출 시간에 많은 음식을 넣으면 위장이 고통을 받는다. 아침만이라도 가볍게 하자. **음식으로 고치지 못하는 병은 어떤 의사도 고치지 못한다. 건강은 음식이다!**

외모가 실력이다

장동건이 입으면 시장 옷도 명품이 된다. 외모가 패션의 완성이라 하지 않는가. 이제 외모를 가꾸고 꾸미는 건 다만 자기만족을 위한 것이 아니다. 몸이 가벼워지면 마음도 가벼워진다. 몸이 건강하면 마음도 건강해진다. 일단은 나를 기분 좋게 하는 일을 해야 한다.

예쁘거나 잘생기면 시선이 간다. 승진과 평가에서 외모는 영향력을 미친다. 면접에서도 먼저 눈길이 간다. 외모보다 마음이 더 중요하다는 말은 그저 위로의 말이다. 실력이 뛰어나도 얼굴이 받쳐주지 않으면 연예계에 발붙이기 어려운 시대다. 외모 지상주의의 어두운 면은 성형 중독으로 이어지기 쉽고 더러는 우울증으로 발전한다. 지나친 외모 지향은 문제가 되지만 훌륭한 외모는 자신감을 더해주고 적극적인 사회 참여 활동으로 이어질 수 있다.

멋진 외모의 기본은 청결과 단정함이다. **깔끔한 이미지는 신뢰감을 준다. 청결하고 깔끔하면 이미 그것만으로 호감이 간다.** 부자가 되기 위해서는 옷을 잘 입어야 한다는 강의를 들었다. 처음 이 말을 들었을 때는 '이게 무슨 말인가?' 했는데 옷을 잘 입어야 사람들에게 좋은 인상을 줄 뿐만 아니라 그들의 호의와 도움을 받아 성공할 수 있다는 뜻이었다. 일의 성공은 사람에 달렸으니까.

가게에 들어가 윤이 나도록 깨끗한 진열대와 단정한 옷차림을 한 주인에게는 신뢰가 간다. 역시 물건을 파는 게 아니라 사람을 판다. 백화점 같은 큰 매장에서 판매원들에게 제복을 입히는 이유 역시 단정하고 신뢰감 있는 의상으로 손님에게 좋은 인상을 주기 위한 것이다.

빛나는 외모는 청결로부터

행운을 불러들이는 일차적인 처방이 청소이듯이, 매일 샤워나 목욕으로 일단은 청결을 유지해야 외모가 빛난다. 남자들 역시 씻는 게 최우선이다. 씻지 않은 냄새나 담배로 얼룩진 냄새, 술에 찌들어 있다면 일단은 외모 실격이다. 몸을 방치하면 보는 이도 불쾌하니 스스로 몸을 돌봐야 한다. 나이 들어도 청결을 유지하는 사람은 젊다. 술, 담배, 마약 같은 것으로 자기 몸을 망치는 사람은

내 인생아 흥해라

인생을 포기한 사람이다. 자기관리가 안 되어 있는 사람이 무슨 일을 하겠는가. 서양에서 지나치게 과체중인 분들의 임원 승진을 막는 이유이기도 하다.

서른이 넘어도 자기에게 어울리는 옷이 뭔지 모른다면, 어떤 종류의 옷이 잘 어울리는지 어떤 헤어스타일이 잘 어울리는지 모른다면 비효율적인 소비가 되기 쉽다. 나를 살려주는 것들을 알면 훨씬 만족스러운 소비를 할 수 있다. 내게 맞는 옷의 디자인은? 색깔은? 스타일은? 나를 돋보이게 만드는 게 있다면 그 기준에서 많은 게 필터링된다. 단정한 H형 스커트가 잘 어울리는 사람이 있는가 하면 하늘하늘한 블라우스가 잘 어울리는 사람도 있다. **자기만의 개성을 찾아내는 게 관건이다.** 유행만 따르다가 실망할 수 있다. 내게 맞는 옷차림이 잘 어울리면 본인은 물론 보는 이들도 기분이 좋아진다.

먼저 자신의 스킨 컬러가 웜(warm)인지 쿨(cool)인지 알아두고 이에 맞추어 색상을 정해두자. 피부색이 조금 누런 웜톤은 빨강, 노랑, 베이지, 갈색 등 따스한 색감의 옷이 좋다. 반면 하얀 얼굴의 쿨톤은 블루, 블루블랙 같은 선명한 색감의 옷이 잘 어울린다.

잘나고 못난 것은 부모에게 받은 것이라 해도 그 이후에 가꾸고 빛나게 만드는 건 자기 몫이다. 요즈음은 성형수술이나 시술이 많다. 사실 **병원에 의지하기보다 평소 관리가 더 효과적이다.** 매일 저녁 30분이면 기본 관리는 가능하다. 수많은 미용 유튜버들의 한결같은 이야기는 화장할 때보다 지우는 게 더 중요하다고 말한다. 화장을 지우고 난 다음 따뜻한 물에 적신 미용 수건으로 피부의 모공을 열어주고 저녁용 화장품을 발라주면 보습도 되고 피부도 휴식시킬 수 있다. 주름 예방을 위해서는 비타민 C 크림을 쓰면 더욱 좋다. 특히 추운 겨울에는 저녁에 영양 크림을 듬뿍 얼굴에 얹어두고 잠들면 피부가 윤이 나고 촉촉해진다.

얼마 전 청룡영화제 사회를 31년이나 진행했던 김혜수를 보았다. 박진영이 노래할 때 함께 춤추는 모습은 아름답다 못해 매혹적이었다. 요즈음은 나이 50이 넘은 연예인들도 아가씨 같다. 미스코리아이자 배우로 활동 중인 **이하늬 씨는 비건 연예인이다.** 몸에 좋은 건강식만 먹어서일까, 피부가 너무나 곱다.

아무리 해도 **피부관리나 시술로는 안 되는 피부라면 속 화장에 신경을 써보자.** 겉 화장보다 몸속 화장이 더 중요하다. 뱃속의 오장에서 피부와 관련된 곳이 바로 폐장과 대장이다. 폐는 호흡을 주관하고 있어 맑은 공기를 마시고 운동을 하면서 폐활량을 늘리는 게 관건이다. 산중에 사는 스님들의 얼굴이 맑고 깨끗한 이유가 바로 아침 일찍 일어나 예불을 하고 맑은 공기를 마시기 때문이라 한다.

피부 면역과 관련이 있는 대장에 문제가 생기면 각종 피부 질환에 걸린다. **맑고 깨끗한 피부는 대장의 면역력과 직결되어 있다.** 가을철 공기가 건조해지면서 입술이 트거나 입 주위에 물집이 생긴다면 피부 면역력에 문제가 생긴 거다. 면역세포가 집중되어 있는 최대 면역기관인 대장 속에는 유익균과 유해균이 있는데 그 비율이 매우 중요하다. 유익균은 장의 연동운동을 돕고 유해균을 억제하는 데 반해 유해균은 인체에 해로운 여러 독소와 노폐물을 생성하며 피부 건강에 문제를 일으킨다. 이렇게 중요한 유익균과 유해균의 비율은 85:15가 이상적이라 한다.

지난여름, 뜨거운 햇빛에 칙칙해진 피부를 어떻게 할 것인가 찾아보니 스티바 A 크림이 눈에 띈다. 이 크림 한 톨 정도와 보습 크림을 섞어서 바르면 **한 달 정도만 지나도 환하고 광채가 나는 피부가 된다**고 한다. 문제는 피부과에서 처방을 받아야 한다는 점이지만, 비타민 A 함유 크림들도 비슷한 효과를 가지고 있다.

훌륭한 외모가 주는 이득은 헤아릴 수 없이 많다. 데이트나 면접에서 일단 유리하다. 얼굴이 예쁘다는 강점 하나로 결혼을 잘 할 수도 있고, 똑같은 경쟁일 때 더 나은 점수를 받을 수 있으니 이 얼마나 대단한 무기인가!

사업의 성공은 운이 7할이라고 하는데 그 **운의 하나로 외모가 손꼽힌다.** 조각 같은 미모가 아니더라도 단아하게 가꾼 얼굴이라는 느낌을 준다면 비즈니스 활동에 도움이 될 것이다.

자신을 가꾸는 예술가

자신을 가꾸는 예술가가 되어야 한다고 설파하는 스페인의 철학자 발타자르 그라시안의 '미인은 노력'이라는 말을 상기해야 한다.

"정성을 다하여 예술품을 다루듯이 자기 외모를 가꾸라. 외양의 아름다움을 개조하는 것은 불가능할지 모르지만, 일세를 풍미했던 **미인들은 저마다 타고난 혈통과 환경과 노력의 산물이었다.** 그만큼 그들은 **스스로 자신을 가꾸는 예술가였다.**"

아직 우리 사회에서는 얼굴이 무기이다. 이 세상에서, 특히 한국에서 살아남기 위해서는 외모 관리가 필수적이다. '예쁜 여자가 착하다'라는 공식, 그리고 멋진 남자가 실력으로 비쳐지기 때문이다. 외모 가꾸기는 사실상 자기 돌봄이요, 자기 사랑의 하나다. 몸과 마음의 건강을 보살피는 정성과 더불어 빛나는 후광도 만들어보자. **외모와 함께 나만의 재능을 갈고닦는다면 실력이란 멋진 후광이 반짝이는 사람이 된다.**

최고의 외모는 웃는 얼굴

아리스토텔레스는 '**개인의 미모는 어떤 편지보다도 더 나은 자기소개서**'라고 했다. 사람을 평가하는 처음이 바로 외모다. 단정한 의복이다. 건강한 피부다. 밝은 표정이다.

깨끗한 이미지의 외모에 환한 미소가 갖추어진 사람을 누가 좋아하지 않을까? 거기에 실력과 예의까지 갖춘다면 더할 나위 없다. 청춘은 사회에서 활동해야 하기에 외모를 가꾸어야 한다. 또 나이든 장년에게는 좋은 질감의 옷과 환한 표정 연습이 필요하다. 그럼에도 2% 부족하다면 웃으라. 누구나 활짝 웃으면 꽃처럼 얼굴이 환하게 피어난다. 가장 값싼 투자로 **가장 빛나는 최고의 외모는 역시 웃는 얼굴이다.**

2장

심리 자본

이주현 작가

정년을 앞두고 언제가 가장 행복했는지 뒤돌아보았다.
글을 쓰고 소통할 때 행복했다는 것을 깨닫고 2018년부터 글쓰기
공부를 했다. 이후 저서 『나도 다시 행복해질 수 있을까?』, 『성공을
만드는 1%의 차이』를 썼다. 또 한 권의 책을 교정, 교열했다.
대학 시절부터 관심을 가진 심리학 분야 책을 두루 섭렵했으며
현재 책 쓰기 강사로 활동 중이다.
본서에서는 「심리 자본」을 집필했다.

네이버 블로그: 석 달 안에 책 쓰기

01

내가 지어낸 이야기에 속지 말라

사람 속을 어떻게 알아요?

아기들은 그냥 본다. 이런저런 지어낸 이야기를 만들어내지 않는다. 있는 그대로 본다. 누가 좋은 사람인지 나쁜 사람인지 판단하지 않는다.

어린 시절, 나는 어른들의 이야기에 매혹되었다. 누군가 우리 집에 왔다 가면 아버지는 그 사람에 대한 품평회를 했다. 이 사람은 이렇게 좋은 사람이다, 이 사람은 나쁜 사람이다. 이런 이야기를 들을 때마다 나는 감탄하곤 했다.

'아버지는 어떻게 사람들 속을 알고 있지? 나도 어른이 되면 아버지처럼 사람을 보면 어떤 사람인지 분별할 수 있게 될까?'

그런데 자라보니 그게 나를 얼마나 불행하게 하는지. 3초 안에

겉으로 보이는 인상만 보고 이 사람은 좋은 사람이다, 이 사람은 나쁜 사람이다, 이렇게 사람을 분별한다는 것이 정확하지도 않을 뿐더러 그게 일종의 선입관이 되어 그 사람의 실체를 제대로 볼 수 없었다. 알고 보니 그건 아버지의 선입관이 지어낸 이야기였다. 아버지의 눈에 그 사람이 그렇게 보인 것이다.

"아니에요! 그분은 그런 사람이 아니에요!"

때때로 어머니가 아버지의 의견을 반박할 때 다시 한번 놀랐다. 나는 매우 혼란스러웠다.

'아니, 뭐지? 절대적인 게 아니었어? 아, 사람마다 생각이 다르구나.'

제멋대로 소설을 쓰는 불행

아이들과 달리 어른들은 각자 경험이라는 안경을 쓰고 사람을 판단한다. '친구가 내 문자에 바로 답장을 하지 않는 건 나를 좋아하지 않기 때문이야'라는 이야기를 지어낸다. 비슷한 경험이 과거에 있었다고 해도, 지금 이 불편한 생각이 사실인지 아닌지 친구에게 확인해봐야 한다. 사실 머릿속에서 쓴 소설일 수 있다. 이 소설 때문에 수많은 오해가 일어나고 관계에 불행이 시작된다.

사실은 그 친구가 바쁜 일이 있거나 혹은 잠시 자리를 비웠거나 화장실에 갔을지도 모른다. 화장실에까지 전화기를 들고 가지 않

은 것을 따질 건가? 친구를 24시간 내내 전화를 받아야 하는 하인
이나 집사처럼 생각한 건 아닌가?

"아, 잠시 나갔나 보다. 바쁜 모양이군! 바쁜데 내가 전화해서 방
해되지 않았을까?" 이런 대응이 상대를 존중하는 태도다.

'엄마가 나한테 짜증을 낸 것은 나를 미워하기 때문이야'라는 이
야기를 지어내기도 한다. 사실은 엄마가 피곤하고 자기 감정을 다
스리지 못해서 자동으로 툭 튀어나온 말일 수도 있다. 그 자리에
내가 아니라 다른 형제가 있어도 엄마는 똑같이 말했을지 모른다.

타인의 말과 행동을 내 맘대로 해석하는 습관

"그 사람이 그 말을 한 것은 이런 숨은 의도를 가진 게 틀림없어!
에이, 나쁜 인간!"

이건 정말 상대의 마음속에 들어갔다 나온 것 같다. 사람을 의
심하고 피해의식이 많다. 그렇다고 해서 모든 사람을 다 믿으라는
말은 아니다. 하지만 누구와 무슨 이야기를 하든 늘 이런 식이라면
얼마나 마음이 피곤해질까?

소식이 뜸한 친구의 마음이 변했을 것이라 착각했다. 그 생각으
로 고통을 받다가 문득 지금이라도 연락을 해볼까 하고 문자를 보
냈더니 바로 연락이 온다.

"응, 잘 지냈어? 난 좀 바빴어. 박사 학위 논문을 쓰느라고 좀 정신이 없어. 잘 지내?"

문자를 받으니 갑자기 용기가 났다. 그리고 괜히 내가 지레짐작으로 내 마음을 달달 볶았다는 걸 알았다.

"그런 줄도 모르고 말이야. 연락이 없어 좀 서운했어. 미안해, 그동안 나도 바빠 연락하지 못했어. 난 다음 달 책을 펴내. 출간 기념회에 초청하려고 해. 12월 21일인데 바쁘면 와주지 않아도 괜찮아."

친구에게서 바로 답장이 왔다.

"갈 수 없어, 다른 약속이 이미 있어. 부모님 칠순 잔치에 가야 해."

이번에는 친구의 거절이 조금도 섭섭하지 않았다. 상황이 이해되었고 너무 임박해서 연락한 내 탓도 있었다. 진실은 이렇게 선명하다. 무엇이 진실인가? 바빠서 연락하지 못했다. 그런데 여기에 온갖 추측과 억측을 덧붙여 생각하며 마음을 힘들게 했다. '내가 싫어졌나? 나를 미워하나? 나와 절교했나? 내가 뭘 잘못했지?' 이렇게 이야기를 지어내며 마음은 고된 상상과 절망의 수렁을 헤맨다. 진실은 아주 담담하다. 늘 진실이 무엇인지 확인해야 한다. 내 마음이 지어내는 이야기를 믿지 마라. 이야기는 언제나 거짓이다. 이야기는 사실이 아니다.

사실과 생각을 구분하자

① 날씨가 흐리다: 사실

② 참말로 재수 없는 날이다: 생각

재수 없는 날이라니, 이 말은 사실인가? 생각인가?

그저 습관적으로 한 이 말을 한 최초의 범인은 누구일까? 아마도 가까운 가족이나 친구나 동료일 거다. 그들의 말을 듣고 나도 모르게 그렇게 말한다. 흐린 그 날이 다 지나 저녁이 되었을 때 돌아보면 그렇게 재수 없는 날은 아니었다. 평범한 날이었다. 비가 올지 몰라 우산을 들고 다니느라 조금 불편한 정도였다. 오히려 오랜만에 선선한 날씨가 좋았다. 그러니 무의식적으로 그런 말을 하거나 **부정적인 해석은 안 하는 게 좋다. 내가 지어낸 이야기가 나에게 도움이 되지 않고 내 행복에 도움이 안 된다면 버리자.** 나를 불행하게 하고 기분 나쁘게 하는 이야기는 바로 쓰레기통에 버리고 사실만 남겨두자. 부처님은 이렇게 치우치지 않고 사실 그대로 보는 것을 중도(中道)라고 하셨다.

3월 초 새로운 담임을 만난 아이들은 어떻게든 담임에게 형용사를 붙이려고 한다.

"와, 되게 깐깐한데. 우리 이제 죽었다!"

사실 첫날에 담임이 학급의 규칙이나 지켜야 할 일들을 이야기한다. 당연히 학교의 교칙이나 규율을 들으며 좋아할 학생은 별로 없다. 자유가 억압당하는 것 같은 느낌이 든다. 그러다가 몇 달이 지나서 물어보면 대답이 달라진다.

"우리 선생님요? 좋아요! 우리에게 관심이 아주 많아요. 친절해요!"

이렇게 바뀔 수 있다. 담임이 몇 달 동안 바뀐 것일까? 담임은 그 대로다. 다만 담임을 보는 아이들의 시선이 바뀐 것이다. 처음에는 낯설고 무서워 보였는데 만날수록 이것저것 자신들을 챙기는 면모에 마음이 열린 것이다.

이름 앞에 붙이는 형용사는 내 맘대로 상대에게 갖다 붙인 제멋대로의 이름표다. 친절한 금자 씨, 어여쁜 영자 씨, 상냥한 숙자 씨…. 사실 숙자 씨는 아들에게만 상냥하고 남편에게는 무서운 친구다. 이렇듯 우리는 상대의 진실을 다 알 수 없다. 선명하게 볼 수도 없다. 내가 보고자 하는 대로 보인다. 각자의 세상에서 각자의 시선으로 보며 **똑같은 장소에 있어도 제각기 다른 세상을 살아간다. 어떤 이에게 세상은 지옥이고 어떤 이에게 세상은 살 만한 곳이다. 세상은 그대로 있는데 말이다.**

어떤 사람이 밉거나 못마땅할 때는 내 덧붙임을 생각해보라. "○○ 씨는 ○○한 사람이다." 내가 붙인 이 형용사가 그 사람을 나쁜 사람으로 만들어버린다. **언제나 내 안경이 범인이다. 내가 지어낸 이야기가 범인이다.**

"내 아내는 바람둥이다. 그래서 이혼하고 싶다"라고 하는 사람에게 아내의 어떤 행동이 문제인지 말해보라고 했다.

"음, 특정한 사건이 있는 건 아니에요! 결혼식에서 고향 오빠들을 보고 지나치게 반가워하다니 의심스럽습니다."

의심하던 습관이 또 튀어나온다. 의심의 생각이 지어내는 이야기에 푹 빠진다.

'저렇게 반가워하다니, 이것들이 틀림없이 나 몰래 만났을 거야. 이런 배신자!'

결혼식이 끝나고 집에 와서도 아내를 흘겨보고 한동안 말도 하지 않는다. 참 답답한 노릇이다. 아내 편에서야 억울한 노릇이다. 늘 이런 식이다. 언제 터질지 모르는 남편의 사고방식.

의심도 습관이다. 자신의 나쁜 사고 습관 때문에 가정의 화목이 무너진다는 생각은 하지 못한다. 오래된 생각의 습관을 고수하고 싶을 뿐이다.

지어낸 이야기 자체가 허구다.

'저렇게 반가워하다니(사실), 틀림없이 나 몰래 만났을 거야(상상).'

이 장면을 다르게 생각하는 남편도 있다. '얼마나 오랜만에 만났으면 저렇게 반가워할까? 나중에 초대해서 함께 식사라도 하면서 아내가 회포를 풀도록 해주어야지.'

'남자는 다 나빠!'

이 생각은 사실인가? 아니다. 물론 나쁜 사람도 있다. 하지만 좋은 사람도 많다. 세상 남자가 다 나쁜 사람은 아니다. 남자는 다 나쁘다는 생각을 믿으면 인생의 반이 불행해진다. 이 세상의 반은 남자이기 때문이다. 남자만 보면 전전긍긍하며 긴장한다. 저 남자가 날 속이면 어떡하나, 이 남자가 나를 이용하면 어떡하나? 그러다가 뜻밖에도 지나치게 믿는 가까운 여자에게 사기를 당한다면 어쩌겠는가? 이때도 이렇게 말할 건가?

"그 여자는 아무 죄가 없어. 그 여자의 남편이 돈을 못 벌어서 그 여자가 내 돈을 갖고 튀었어! 역시 남자가 문제야!"

사실을 보는 강력한 방법은 내 행복에 도움이 되는 좋은 상상만을 하는 습관이다. 세상의 좋은 것은 다 노력이 필요하다. 나와 상대의 행복에 도움이 되는 상상을 연습하자. 재수 없는 날씨는 없다. 모든 날씨는 유익하다. 비가 오면 풀과 나무가 자라서 좋고, 날씨가 추우면 벌레들이 다 죽어 다음 해 농사에 유리해서 좋다.

'흐린 날은 공부에 집중이 잘된다.'

'햇빛 가득한 날은 마음이 밝아진다.'

'갠 날은 음악 감상하기 좋다.'

그대로 좋다.

모든 게 좋다.

있는 그대로 놓아두라.

어떤 존재에게도 예스라고 해보라.

아무 문제 없다.

내가 덧붙이는 형용사가 나를 불행하게 한다면 **이제는 행복해지는 형용사를 찾는 공부를 하자. 점점 더 마음이 가벼워질 것이다.** 편안한 심리 자본을 만드는 것은 내 운명을 밝히는 기본이다. 지어낸 이야기라는 생각의 습관에서 벗어나 **편안한 심리 자본을 만드는 것은 내 행복의 기초가 된다.**

내 인생아 흥해라

02

먼저 자기 자신과 친구가 되라

✴

어렸을 때부터 자주 들었던 말이 있다. '남에게 피해 주지 마라, 양보해라.' 이 말은 항상 초점이 '남'에게 있다. 남 위주로 살아가다 보면 나는 어디로 갔는지, 내 마음은 어떤 상황인지 외면하다 못해 무시하며 살게 된다.

나에게 귀 기울이기의 시작은 우울증이 와서 마음이 헛헛해지고 만사가 귀찮아질 때 시작되었다. 상담을 받고서야 내 감정을 들여다보기 시작했다. 마음에 병이 나고서야 얼마나 나보다 남을 앞세우느라 상처받고 자신을 무시하고 살아왔는지 깨닫게 되었다. 내가 얼마나 소중한 존재인지 모르고 그저 남의 비위를 맞추고 남의 기분이 어떤지 미리 헤아려 '당신 기분 맞춰주기 놀이'에 빠져 있었다. 어느 날 보니 내 속의 내가 펑펑 울고 있었다!

'나에게 버림받은 나는 도대체 누구에게 이 아픈 마음을 위로받나!'

먼저 **내 마음부터 돌봐야 한다.** 어린 아기를 돌볼 때 늘 기저귀를 들여다보듯이 내 마음의 기저귀도 들여다봐야 한다. **활기찬 상태가 건강한 상태다.** 왠지 주눅이 들고 포기하고 싶고 뒷걸음치고 싶다면 뭔가 문제가 있다. 내 마음이 우울한 생각이라는 대소변으로 축축하게 젖어 있는지 늘 살펴보고 빨리 새 기저귀로 갈아주어야 한다. 뽀송뽀송한 기저귀로 갈아입힌 아기는 마음이 편해지고 금방 얼굴이 밝아진다. 마음의 기저귀 갈아주기는 어떤 방식이 좋을까? **처음은 위로다.**

"그래, 얼마나 축축하고 힘들었니? 너무 힘들었지?" 자기 자신의 아픔과 슬픔에 공감해준다.

두 번째는 **'밝은 생각하기'**다. 내 마음이 어두워져서 바닥을 헤맬 때 어떻게든 밝은 데로 돌리려고 생각을 해보자. 우울의 시작은 부정적인 한 생각을 꼭 붙잡고 그 안에서 다람쥐 쳇바퀴 돌듯 도돌이표를 반복하기 때문이다. 전과 다르게 생각하자.

'내가 못났다는 이 생각, 틀릴 수 있어.'

'아니야, 나 그렇게 못난 인간이 아니야.'

힘들 때, **내가 못나서 죽고 싶을 때는 자신의 장점을 적어보라.** 장점을 100가지, 아니 50가지, 아니 30가지, 아니 단 10가지라도 적어보라. 외적인 장점 외에 내적인 성품, 미덕도 포함해서. 성실, 예의, 배려, 협동 등도 다 내적 장점이다. 살면서 칭찬받은 일도 장점이다. 자기의 장점을 들여다보면 난 참 좋은 사람이고 괜찮은 사람이라는 걸 금방 알 수 있다. 당신은 참 괜찮은 사람이다.

한 걸음만 움직여라

우울이란 구름이 마음에 드리우면 대부분 이불을 뒤집어쓰거나 암막 커튼을 친 컴컴한 방에서 밤낮으로 잠을 자거나 훌쩍거린다. 그런다고 해결될 일이 아니다. 우울할수록 몸을 움직여야 한다. 용기를 내서 과감하게 밖으로 뛰쳐나가야 한다. 몸을 움직여야 한다. 체조로 몸을 쭉쭉 펴면 마음의 구김살도 따라서 펴진다. 몸이 마음을 좌우한다.

밖에 나가서 친구들을 만나 수다를 떨어서라도 밝은 마음을 되찾아야 한다. 기저귀 갈기는 '마음의 상태 갈아치우기'와 같다. 우울 모드의 마음이 시키는 대로 하면 안 된다. 반대로 해야 한다. 이불을 뒤집어쓰고 싶으면 반대로 밖으로 나가 달리기를 해라. 입을 꼭 닫고 말 한마디 하기 싫을 때는 혼잣말이라도 해라.

"나를 조금만 도와주자. 일단 나가자. 동네 산책이라도 하자."

지하 감옥으로 끌려가는 마음을 다시 **지상으로 끌어올리려는 노력이 자기 자신을 살리는 길이다.**

친구가 힘들 때 우리는 달려가 위로하고 격려하고 괜찮다고 말해주고 어깨를 토닥여준다. "사랑해, 친구야! 괜찮아, 내가 늘 함께 있을게, 외로워하지 않아도 돼! 내가 널 돌볼게!" 남에게 베푸는 친절을 이제 '나'라는 친구에게도 전해주자.

"미안해, 힘들었지. 이제 푹 쉬어, 맛난 것 해줄게!"

"정말 애썼어, 수고했어!"

"괜찮아, 이 정도 한 것도 대단해! 다음에 더 잘하면 돼!"

자기 자신의 친구가 되어라

자기 자신에게도 친구에게처럼 말해줄 수 있어야 한다. 흔히 친구에게는 다정한 말로 위로하지만 자기 자신에게는 비난하고, 자신을 방치한다. 그렇지 않아도 힘든 상태인데다 평가하고 판단하고 매질까지 한다. 남도 아닌 자기 자신을!

"뭐가 그리 힘들다고 그러니? 걸핏하면 우울하다, 재미없다 그러니? 대충 해라."

이제는 이렇게 다정하게 말해주자.

"미안해, 내가 너를 돌보지 못했어. 항상 네 편이 되어줄게. 절대로 비난하지 않을게."

"우리 힘내자. 다시 일어서보자. 더 나은 내 인생 만들어보자. 다시 시작하면 돼!"

힘들 때는 "힘들지, 조금만 참아." 아플 때는 "우리 아기 아프구나, 엄마가 약 사줄게." 아기 다루듯 부드러운 말로 보듬어주자. **내가 나의 친구가 되어주지 못하면 아무리 남이 나에게 다정하게 대해도 마음이 100% 풀리지 않는다.** 친구나 가족들이 "너는 이런 점도 훌륭하고 저런 점도 괜찮은 놈이야!" 이런 말을 들을 때 그 내용에 동의해야 마음이 풀어진다. **스스로 인정해야 한다.** 사흘을 누워 있다 겨우 침대에서 일어났다면 그걸 축하하고 반가워하라. 한마디라도 말을 하면 칭찬해주자. 나쁜 습관을 이기려고 **애쓰는 자신을 인정해주고 칭찬해주자. 자신을 고운 시선으로 바라봐주자.**

밝아지려는 아주 작은 노력에도 손뼉을!

우울을 이겨내고 힘차게 살아가지는 못하지만 운동을 시작하고 사람을 만나려는 노력은 인정해주자. 받아쓰기가 늘 30점이던 아이가 어느 날 50점을 받아 왔다면 그만큼 성공이다. 왜 우리는 늘 90점, 100점을 받아야 잘한 거라고 몰아붙이는가? 성장한 것 자체가 칭찬받을 일이다. 비록 성과는 미미하더라도 발전한 게 어딘가? 시도했다는 것 자체가 잘한 일이다.

실패가 두려워 시작하지 못하는 것에 비하면 백번 낫다. 실패했다고 웅크리지 말라. **이 세상에 실패는 없다. 그저 기대만큼 결과가 나오지 않은 것뿐이다.** 어떤 노력이 부족했는지 알아보자. 다른 방법으로 찾아보고 피드백을 받으면서 무엇을 교정해야 할지 찾아보자. 실패를 통해서 깨닫고 배우고 노력하여 다음에 성공하면 된다.

작은 실패에 너무 괴로워하지 말고, 작은 성공에도 지나치게 안주하지 마라. 미숙한 단계에서 성적이 안 나오면 훈련과 연습으로 성적을 내면 된다. 남과 비교해서 우울해하지 말고 어제의 나와 비교하라. 실패는 비효율적인 노력 때문이다. 왜 단번에 100점 받아야 하나? 처음 하는 일은 당연히 20점이요, 30점이기 마련이다. 당연한 일이다. 노력을 적게 들이고 결과가 좋게 나오는 일은 없다. **다만 자신의 기대대로 안 되어 힘들 때는 혼잣말로 위로하는 말, 힘내는 말, 지원해주겠다는 말을 속삭여보라. 누구의 말보다 더 강력한 치료제가 된다.** 내가 나의 친구가 되는 게 최고의 후원군이다.

인도의 명상가 라즈니쉬는 이렇게 말하고 있다.

"우리 내면에는 여러 주머니가 있다. 행복, 사랑, 반가움, 기쁨, 슬픔 등등이 있다. 누군가가 와서 이 주머니를 톡 건드리면 그 안에 있던 어떤 감정(사랑)이 밖으로 나와서 이 감정의 향기를 맡게 되고 그 향기에 취하게 된다. 그때 사람들은 촉매 역할을 한 그 사람과 사랑에 빠진다."

우리 인생에 여러 색깔을 만들어주는 감정이라는 보물은 이미 우리 안에 있다. 상대가 내게 준 게 아니라 내 속의 보물이 흘러나온 것이다. 상대는 다만 촉매자에 불과함에도 청춘들은 그 사랑

내 인생아 흥해라

때문에 울고불고 난리를 친다. **자기 자신을 사랑하면 그 에너지를 혼자서도 불러내어 행복한 삶을 가꿀 수 있다.** 이야말로 **자기 안에서 조화와 균형을 갖추는 일이다.** 그때는 더 이상 밖을 향해 구원을 찾지 않는다. 밖에서 사랑받고자 하는 우리의 구걸은 드디어 끝이 난다.

03

행운을 불러들이는 법

좋은 일에 마가 낀다고 했다. 좋은 일이 계속되면 두려워하는 사람이 있다. 아, 이런 일이 계속될 수 있나? 뭔 일이 생길 것 같아, 뭔 일이 터질 거야 하며 자꾸 불길한 생각을 한다. 불길한 생각은 현실이 된다. 사실 좋은 일이 계속되어도 담담하게 받아들일 수 있다. 성공의 불씨를 끄는 게 불길한 예감이다. 이 또한 생각의 습관이다.

좋은 일들이 문밖에서 기다리고 있다

사실 새집으로 이사 가고 좋은 사람들을 사귀고 능력자들을 알게 되고 귀인들이 다가오고 좋은 직장에 들어가는가 하면 맡은 프

내 인생아 흥해라

로젝트를 완수해 칭찬받고 직급이 올라가고 이렇게 무수한 좋은 것들이 우리를 기다리고 있다.

문 앞에서 이런 경사가 이미 배달되어 문을 열어주기만 기다리고 있는데 이것을 받지 못하는 건 왜일까? 과거에 만든 어두운 염체(念体: 부정적인 생각으로 만든 상념체)들과 놀고 있다면 이 좋은 경사가 나에게 올 수 있을까? 신나는 축제의 아이들이 문 앞에 와서 들어오려고 안을 들여다보고 있는데 안에서는 염려하고 슬퍼하고 괴로워하고 두려워하면 그 집에 들어가고 싶을까? 절대로 들어갈 수 없다. 파장이 맞지 않아 질겁하고 도망간다. 늘 끼리끼리 노는 법이다.

어두운 염체란 자기 자신이 불러들이고 오랫동안 친하게 지낸 부정적인 생각들의 집합이다. 예를 들면 이렇다.

'나한테 뭐 그런 행운이 오려고?'

'성공하면 불편할 거야, 안 돼!'

'좋은 일이란 나에게 어울리지 않아!'

'세상에 내가 멋지게 살아갈 일은 없어!'

'내가 그렇지 뭐!'

잔칫집 대문은 정갈하고 안에는 정성 어린 음식이 차려져 있고 손님들이 화려한 옷을 입고 있다. 그런데 이건 잔칫집이 아니라 초상집 같다. 맨날 어디가 아프다. 뭐가 불만이다. 맘에 안 든다. 화내고 싸우고 소리친다면 손님이 절대로 안 간다.

편안하고 깨끗하고 환한 곳이 축하와 격이 맞다. 잔칫집은 손님을 맞기 위해 제일 먼저 무엇을 할까? 청소한다! 환기한다! 깨끗한 환경을 만든다. 손님들을 대접할 음식들을 준비한다. 잔치에서 보여줄 축하 메뉴, 즉 나만의 노하우로 마련한 특식도 준비한다. 누구라도 그걸 먹고 건강하게 행운을 불러들일 수 있도록 말이다. 그 집에 온 사람들은 행운을 기뻐하며 우아한 미소를 짓는다.

행운을 부르는 생각

행운이라는 손님을 맞아들이기 위해 나 먼저 구태의연한 과거의 상념과 생각을 지워버리고 마음의 어둠을 빨래하여 산뜻한 옷으로 갈아입어야 한다. 과거의 나는 불안하고 자신감 없고 부족하고 미숙했지만 심미학(心美學: 행운을 부르는 생각의 습관)의 옷을 입은 나는 이제 완전히 다른 존재가 된다. 완전히 새로운 인생을 창조할 수 있다. 심미학(心美學)이란 내 마음의 아름다움을 만드는 일이다. **내 마음의 아름다움은 생각의 밝음이다.** 이 또한 연습으로 만들 수 있다. 긍정적인 말, 듣기 좋은 말, 용기와 희망을 주는 말을 자신에게 하자. **마음이 밝아지는 생각 연습은 행운을 불러들이는 지름길이다.**

행운은 깨끗한 곳을 좋아한다. 주변을 정리하고 청결한 상태로 만드는 게 우선이다. 부자가 되고 싶다면 **화장실 청소를 하라. 이렇게 몸으로 실행하면 정신이 밝은 쪽으로 향한다.** 가난을 바라보는 이들은 계속 가난하지만 부를 바라보고 부를 생각하며 행동하면 부자가 된다. 부를 얻기 위해 공부하고 실천하는데 어떻게 부자가 되지 않겠는가?

심미학은 마음을 깨끗하게 만드는 공부다. **마음이 청결하면 운이 들어온다. 마음이 단순하고 밝다면 긍정적인 마인드에 따른 보상이 주어진다. 마음이 청결해지기 위한 공부가 바로 심미학(心美學)이다.** 화장실을 청소하듯 복잡한 마음을 날마다 단순화하는 것은 다시 새롭게 살아가는 정화 방법이다. 행운을 불러들이는 법은 상큼한 주변 환경과 더불어 밝은 마음 에너지 만들기다.

마음의 청정을 위해 **욕심을 정화하는 방법이 있다.** 욕심을 정화한다는 것은 하루하루 열심히 살아가되 잠자리에 들 때는 한 생을 마친 듯 죽어버리는 것이다. 모든 것이 끝이 났고 모든 것이 정지되는 시간을 매일 갖는다. 그 시간에 나는 오늘 무엇을 했는지 돌아본다. 내가 얻은 것은 무엇인지 생각해본다. 오늘의 실수와 부족함을 기억하며 자신을 나무라기 전에 수고했다고 말해주자. 그리고 내일은 내일의 태양이 떠오르기를 기대하며 눈을 감자. 자책이나 후회나 미련은 버리자. 늘 밝은 마음으로 현재를 직시하며 조금씩 노력하자. 그리고 늘 이렇게 자신감 에너지를 넣어주자.

"와아, 나는 왜 이렇게 행운이 많지?"

“나에게 행운이 기다리고 있어!”

“조금만 움직이고 행동하자. 좋은 일이 곧 올 테니까!”

“준비하고 기다리면 반드시 결과가 좋을 거야.”

“노력에는 반드시 보상이 있어!”

“나는 멋진 내 인생을 만드는 건축가다.”

“내 마음에는 태양처럼 밝은 에너지가 가득하다!”

“나는 나를 돕는 생각만 한다!”

이렇게 하나하나 스스로 만드는 심리 자본이 중요하다. **밝은 생각의 습관을 공부하는 심미학의 옷을 자신에게 입히자.** 그것만으로도 인생을 사는 자신감이 퐁퐁 솟아난다.

내 인생아 흥해라

이 또한 지나가리라

시간이 모든 것을 해결한다는 말이 있다. 아무리 힘들고 어려운 일이라도 끝이 난다. 아무리 아픈 일도 어떻든 끝이 온다. 그 당시에는 '이렇게 힘이 들다니, 이 일이 영원할 것 같아, 언제 끝나지?' 오로지 이 생각만 했는데 끝이 난다. 그러니 **너무 걱정하지 말자. 이 일도 곧 끝이 날 것이니까!** 결과가 어떻든 끝이 있다는 건 좋은 일이다.

학창 시절에는 빨리 어른이 되었으면 좋겠다 생각했다. 공부를 안 해도 되고, 시험도 안 보니 어른들은 얼마나 좋을까? 부러워하고 선망했는데 그게 아니었다. 어른이 되고 보니 어른으로서 해야 할 일들이 만만치 않았다. 어른은 생계 걱정부터 미래 걱정까지 늘 근심하며 살아간다. 아이 키우는 일, 직장 일, 대인관계, 노후 준비 등 걱정거리가 한두 가지가 아니다.

요즈음은 열심히 살지 않는 사람들이 없다. 모두 다 투잡이나 쓰리잡을 하고, 스마트 스토어를 한다. 능력자들은 오픈 카카오톡 방에 사람들을 수백 명 모아 놓고 틈틈이 강의도 한다. 70대 노장들도 활동하는 걸 보면 신기하고 존경스럽다. 주로 현역에서 맹렬하게 활동하던 분들이다. 교회 사역자인 은퇴 목사님들, 학계에서 일하던 학자들, 자기 분야에 한 획을 그었던 연구자들, 자기 계발에 열심인 전문가 그룹이다. 얼마나 맹렬하게 살아가는지, 어디서 그런 열정과 활력이 솟아나는지 놀랄 지경이다. 이미 몸에 열심히 살아가는 유전자가 복사되어 내려온 것일까? 물론 한국인의 부지런함은 전 세계인들을 놀라게 한다. 이민 간 한국인들이 처음 할 수 있는 일이 슈퍼나 야채·과일 장사인데 대부분 이른 새벽부터 일어나 시장에 나가 물건을 구입해 오고 가게를 정리하고 반짝반짝 윤이 나게 물건을 진열한다. 이러니 성공하지 않을 수가 없다.

잘산다는 것은 돈을 많이 벌어놓고 좋은 곳에 가서 휴양하며 편안하게 노는 게 아닌가 했다. 그런데 '은퇴하면 놀아야지' 하는 생각도 순간이다. 석 달 정도 백수처럼 지내보면 그 생활도 싫증이 난다. '사람은 역시 일을 해야지' 하며 할 일을 찾는다. 나 역시 30년 세월을 다니던 직장 생활을 끝내고 나서 거의 두 달 동안을 잠을 잤다. 더러 휴직도 하고 틈틈이 쉬어가며 일했는데도 불구하고 몸이 움직이려 하지 않았다. 마치 이렇게 말하는 듯했다.

"그렇게 몇십 년을 눈만 뜨면 달려가서는 일에 미쳐 나를 이렇게 무시하고 나 하자는 대로 놀아주지도 않고 에이, 씨! 이제는 가만히 있고 싶어! 아무것도 안 할 거야!"

몸과 마음이 합동으로 나를 꽉 잡고는 꼼짝 말라고 했다. 낮이나 밤이나 틈만 있으면 누우라고 했다. 그래서 눈치를 보며 살살 움직였다.

'우리 텃밭에 가서 놀자. 우리 호숫가에 바람 쐬러 나가자. 우리 맛난 것 먹으러 가자. 우리 재미난 책 읽으러 도서관에 가자.'

이렇게 아주 작은 목소리로 놀자고 유혹했다. 그랬더니 몸이 조금씩 따라왔다.

'그래, 이제는 놀자. 뭐 그리 바쁘다고 이리저리 콩콩 뛰어다니니? 그저 여기서 놀고 저기서 놀고 하다 보면 덧없이 흘러가는 시간을 조금이나마 붙들 수도 있을 거야.'

주위를 돌아보니, 은퇴 후에도 건강을 챙기려 운동하고 자기 계발을 하고 글을 쓰고 강의를 하고 다들 얼마나 열심인지 모른다. **활동한다는 것은 살아 있다는 증거다. 이런 분들에게 은퇴는 없다. 영원한 현역만이 있다.**

내가 다니던 조경가든 대학의 노교수 한 분은 나이가 여든에 가까운데도 열정적으로 강의를 하신다. 화분들을 들고 와서 삽목과 전지에 대해 열강을 하시는 모습은 마치 청년 같다.

"나는 마지막 순간까지 현장에서 일하기로 했습니다!"

교수님의 말씀에 깜짝 놀랐다. 이제 80이 다 되어가는 분이 아직도 목소리가 창창하다. 얼마나 목소리 톤이 좋은지 마이크를 사용하지 않아도 뒷자리까지 전달이 잘된다. 몸매도 단단하다. 활동하기 위해 운동을 챙기며 얼마나 몸을 만들었는지 짐작할 수 있다. 하루 최소 5천에서 8천 보 정도 걷는 것이 적당하다고 하신다.

이렇게 자신을 돌보고 꾸준히 연마하는 이들은 정신력이 갑이다. 노후에 자식에게 의지한다느니, 아무래도 건강이 문제라느니 이런 대사가 그분에게는 어울리지 않는다. 얼굴도 편안해 보인다. 열심히 살아내느라 걱정이나 근심할 시간이 없어서인지 넉넉한 표정이다. 이렇게 **빳빳한 기운이 느껴지는 건 자신을 흐트러지게 놓아두지 않고 늘 계획하고 연구하고 실행하며 살아 온 때문**이리라.

쏜 화살처럼 시간이 지나간다

모든 것은 지나간다. 시간은 흐르는 물처럼 초를 다투어 휙휙 지나가고, 새로 만나 인연이 된 사람도 좋은 사람인지 나쁜 사람인지 생각할 겨를도 없이 스쳐 지나간다. 두 손 가득 담은 물처럼 처음에는 충만했는데 술술 새어 흘러버리는 게 시간이요, 사람이요, 인생이다. 처음에는 그 흘러버리는 걸 어떻게든 붙잡아보려고 애를 썼다. 이게 만만치 않다. 핑계를 대고 늘어져 있다가 깜짝깜짝 놀란다. 아니, 벌써! 이렇게 되었나? 올해도 시간이 마구 흘러가서 이제 두 달도 채 남지 않았다. 뒤돌아보면 연초 1월에는 포부도 컸다. 올해에는 이런 책을 내리라, 최소한 이 원고는 마무리하리라 했다.

자격 시험도 기한이 다 되어 준비해야 하고, 소일거리 텃밭의 채소들도 나를 기다리고 있다. 치아는 아프다고 징징거린다. 나는 작가이니 글을 써야 하는데 그게 안 되니 새벽 시간을 이용하려 해도 온갖 일들에 머리가 복잡하고 손에 쉬이 펜이 들려지지 않았다. 핸드폰을 들여다보면 쇼츠에 홀려서 30분이 후딱 지나갔고, 네이버 창을 보면 자극적인 기사에 눈이 따라간다. 유튜브는 또 어떤가. 구독 중인 영상들이 하나둘씩 내 터치를 기다린다. TV는 거의 꺼두는 편이지만 좋아하는 프로는 본다. '미운 우리 새끼' 같은 프로그램이다. 시간을 만들기 위해서는 해야 할 일들을 미리 해두어야 한다. 그렇지 않으면 느긋하게 그걸 볼 시간이 없다. 은퇴 이후 조용히 살고 심심할 것 같았는데 할 일이 꽤 많다.

제일 먼저 병원 가기다. 치아 치료도 일주일에 한 번씩 간다. 그동안 바쁘다는 핑계로 미뤘던 치아에는 여기저기 문제들이 터지고 있다. 워터픽에다 치실이며 치간 칫솔을 사용하면서 관리를 잘했다고 생각했는데 피곤하다는 핑계로 소홀히 한 게 후회된다. 치과는 가장 먼저 처리해야 할 1순위다. 씹는 힘이 떨어지면 소화기관에도 영향을 미친다. 우리나라에서 가장 많은 환자 수를 자랑하는 1등 질병이 바로 치은염이다. 치아에 통증이 생겼을 때는 너무 늦다. 썩은 이는 신경치료를 하는데 치아 신경을 고목나무처럼 죽인

뒤 씌운다. 말이 예뻐 '크라운'이지 막말로 죽은 치아 위에다 덮어 씌우는 거다. 벌써 2개나 크라운을 했다. 아깝다. 조금만 더 자주 치과에 다녔더라면 좋았을 텐데 후회막심이다.

이 또한 지나가리라. 그리고 받아들인다. 최근에 잇몸 관리에 대한 노하우를 지인에게 들었다. 칫솔질 후 손을 깨끗이 닦고 엄지나 검지 **손가락으로 잇몸을 직접 마사지**하는 거다. 간단하다. 실제로 이게 효과가 있었다. 잇몸이 부었을 때 살살 문지르니 빠르게 진정이 되었다.

먼저 나를 챙겨라

직장에 헌신하지 마라, 헌신짝 된다는 말이 있다. 어찌 그럴 수가 있는가? 내가 몸담은 곳이 내 일터이자 나를 살려주는 고마운 곳이라는 생각에 일찍 출근, 늦게 퇴근하는 생활을 했다. 중책도 맡았고 남들이 싫다는 일도 도맡아 했다. 그러니 집은 그저 잠자는 곳이었고, 제 몸을 돌아볼 여력이 없었다. 퇴직 후 여기저기 아프다. 내 몸과 마음을 챙기지 않는 헌신을 하면 바보처럼 내 몸이 헌신짝이 될 수도 있겠구나, 뒤늦은 아쉬움이다. **먼저 나를 챙겨야 한다.** 학교든 남편이든 자식이든 놓아두고 내 건강을 먼저 살펴야 한다. **나 없어도 그들은 잘해나간다.**

소중한 하루하루에 감사하며

죽음을 생각하며 유한한 생명, 하루하루를 소중한 선물처럼 여기며 살아간다. 나에게 주어진 모든 것들에 감사한다. 푸른 하늘을 보는 순간, 가을 단풍을 볼 수 있다는 행복감, 아이들의 웃음소리를 들을 수 있다는 행운, 늘 도움을 주고받는 다정한 동료들, 여러 가지 물건을 사고팔며 함께 살아가는 소중한 사회의 이웃들, **세상은 내게 아직도 수많은 선물을 주고 있다.** 선물을 받는 순간마다 행복하다.

나의 기쁨을 위해 지금 해야 할 일에 나를 던진다. 새벽을 소중한 자원으로 활용한다. 글쓰기 회원들과 매일 새벽 6시 30분에 줌으로 만나 글을 썼다. 초보 작가들을 이끈다는 게 쉽지 않다. 7명이 함께 쓰는 제2기 공저 책 쓰기는 원고 교정이 끝나고 힘들게 편집 중이다. 그나마 책이라는 생산물이라도 만들어 흘러가는 시간을 조금이나마 붙들어보려 안간힘을 쓰고 있다.

이 또한 지나가리라

이 또한 지나가리라. 아무것도 우리 손에 남지 않는다. 다만 순간순간 내가 몰입했던, 이런저런 경험만 남으리라. **그저 지구별에**

여행을 온 사람처럼 가볍게 살아감이 어떻겠는가? 여행자들이 뭐 그리 출세와 영광에 목숨을 걸겠는가? 모든 것은 추억, 그리고 새로움을 맛보는 경험일 뿐이다.

그동안 하지 못했던 것을 하고, 볼 수 없었던 것을 보려고 한다. 때로는 뜻밖의 행운에 말할 수 없이 기뻐하다가도 어두운 생각에 이끌려 한숨을 쉴 때면 한결같은 마음을 어떻게 유지할까 고민한다.

그럴 때마다 이 외로운 지구별 여행자에게 뜻밖의 재난이나 마음의 흔들림이 올 때 위로와 안심이 되는 만병통치 치료약이 있다면 좋지 않을까? **좋은 일이 오든 나쁜 일이 오든 인생의 강을 무사히 건너기 위해 늘 마음 가장자리에 이 문구를** 새겨두는 건 어떨까.

'이 또한 지나가리라.'

3장

경제 자본

이수정 작가

교역자의 아내로 살아가다 보니 경제를 몰랐다.
신앙생활에 늘 몰두하다 보니 세상 물정 모르고 살다가
코로나 시국을 맞아 새로운 공부에 입문했다.
이름하여 자본주의 공부다. 관련 도서를 읽으며
경제 공부 모임에 참여하다 용기 내어 실전에 뛰어들었다.
현재는 고시원을 두 군데 운영 중이고
경제적으로 어느 정도 상향되었다.
본서에서는 「경제 자본」을 집필했다.

돈과 행복

　세상에 태어나 많은 세월이 흘렀다. 아름다운 우주 만물 속에서 주변 사람들과 부대끼며 여러 가지 사건을 만났다. 이런저런 지난 날은 제쳐두고 지금 나는 행복한가, 무엇을 해야 행복해질까, 앞으로는 행복할 것인가 생각해보았다. 행복의 조건이란 조금씩 다를 수 있지만 일단 신체적, 정신적, 감정적, 영적으로 편안하고 건강한 상태일 것이다. 그러기 위해 직업을 갖고 경제활동을 하며 더 잘살기 위한 노력을 하는 것은 기본이다. 경제적 안정이 이루어지면 마음이 편안해지고 다른 영역의 활동도 할 수 있다.

　대한민국 헌법 10조에는 모든 국민은 인간으로서의 존엄과 가치를 가지며, 행복을 추구할 권리를 가진다고 기록되어 있다. 또 성경에는 하나님이 사람의 행복을 위하여 계명을 주셨다고 했다(신명기 10:13). 또 인생으로 고생하며 근심하게 하심이 본심이 아니라고도 하셨다(예레미야애가 3:33). 그러니 경제적 자유를 얻어 행복해지는 것은 권리이자, 의무다.

눈을 살짝 감고 행복한 삶을 누리는 내 모습을 떠올리면 절로 입가에 미소가 지어지며 끊임없이 충만한 순간들이 영화 필름처럼 떠오른다. 만약 나에게 평생 먹고 남을 충분한 돈이 있다면 나는 지금 무엇을 하고 있을까? 가족들과는 어떤 하루를 보내며 인생에 어떤 계획을 세우고 있을까? 누구를 만나서 어떤 표정과 태도로 어떤 대화를 나누고 있을까? 상상만 해도 행복하다. 경제적 자유는 이 모든 것을 단번에 이루어준다.

삶이 힘든 사람은 철학자가 되기도 한다.

"나는 왜 세상에 태어났을까?"

"나는 어째서 삶이라는 선물을 받게 되었나?"

"내가 세상에 태어난 목적은 무엇인가?"

"무엇을 하려고 태어났을까?"

이런 철학적이고 어려운 물음이 아니더라도 풍부한 현금 흐름으로 경제적인 자유를 누리고 있다면 여러 가지 긍정적인 답안을 제시할 수 있다. 돈이 인생 고민의 85%를 해결한다고 한다. **행복하려면 가장 먼저 경제적 자립이 이루어져야 한다.** 물론 돈으로 해결할 수 없는 일들도 있다. 돈이 많다고 절로 행복이 넘치는 건 아니다. 부자이면서도 불행한 사람이 있고 가난하면서도 행복한 사람이 있다. 행복은 각자가 느끼는 자족적(自足的) 상태로 지극히 개인적인 느낌이기 때문이다.

행복을 강의하는 연세대 서인국 교수는 **'행복이란 사람과 함께 음식을 먹는 것'**이라고 정의한다. 어떤 이는 다른 이들을 행복하게 해주는 것이라고 한다. 이렇듯 사람마다 행복의 정의가 다르다. 그러나 기본적으로 경제가 안정되어 있다면 일단 가족에게 안락한 보금자리와 영양가 있는 즐거운 식사를 제공할 수 있다. 경제적 자유를 얻은 사람은 더 이상 돈에 구애받지 않으며 다양한 취미 생활과 여가 생활로 재미있고 웃음 넘치는 일상을 즐길 수 있다. 원한다면 호기심을 느끼는 새로운 일이 생길 때마다 전문가를 통해 관심 분야를 깊이 있게 배우고 성장할 기회도 있다. 새로운 경험을 통해 좋은 인간관계도 두루두루 넓힐 수 있다. 경제 자본을 갖추고 나면 그 여유로 사회적인 인맥과 교류망도 자연히 넓어지게 마련이다.

미국의 35대 대통령을 배출한 케네디 가문을 예로 들어보자. 조부인 패트릭 조지프 케네디는 재산 증식에 열을 올렸고 부친 케네디는 그 재력을 바탕으로 사회적으로 유명 인사들과 접촉하며 사회적인 인맥을 활성화하였고 정치적인 기반을 마련했다. 3대인 존 에프 케네디는 드디어 대통령에 당선되었다.

지금 부자이고 충분한 돈이 있다면 나와 내 가족을 벗어나 이웃과 지역사회와 세계를 생각할 여유가 더 많이 생긴다. 무엇으로 도울까, 무엇을 보답할까 하며 더 의미 있고 가치 있는 일을 할 수 있다. 물론 세상에는 자기 배만 채우기에 급급하고 옹졸한 부자도 있

다. 단, 이 책을 읽고 있는 독자라면 자신을 사랑하고 이웃을 사랑
하며 이 세상을 사랑하는 사람임이 확실하다. 욕구를 채우는 수단
으로서의 돈으로 끝나는 게 아니라 다른 이들에게 도움을 주는
돈이 될 때 그 가치가 더 빛난다.

자본주의를 배워야 한다

우리가 살아가는 자본주의 체제는 누구나 부자가 될 수 있고 돈
을 많이 벌 수 있는 기회가 보장된 곳이다. 다만 자본주의에 살면
서도 그것이 무엇인지 학교나 가정에서 배우지 못했고 알지 못했기
에 그 사용법을 몰랐을 뿐이다. 지금부터 책이나 강의를 통해 배우
기 시작하면 된다. **처음에는 아끼고 절약하여 한 푼 두 푼 모아서
목돈을 만들려고 애를 써야 한다.** 일천만 원을 모으고 1억을 모아
가며 이렇게 경제적 자유를 이루는 과정에서 자기 계발에 자기 수
익의 10% 이상은 따로 떼어 자신의 발전을 위해 사용하는 게 좋
다. 독서를 위해 책을 구입하거나 배움을 위해 강의를 수강하거나
모임에 참가하는 등 자기 계발과 성장을 위해 꾸준히 투자한다면
어느새 훨씬 큰 수익으로 자산이 증가되어 있는 현실을 만나게 될
것이다.

돈을 아끼기 위해 발전의 기회를 포기하면 할수록 돈을 벌 기회

는 점점 줄어든다. 마중물 붓는 돈을 아까워하면 차후에 펑펑 쏟아질 황금의 맥을 찾아 부자가 될 기회는 사라진다. 돈도 자신을 귀하게 사용하는 사람을 따라간다.

돈은 좋은 자리로 몰려간다

돈을 모으고 돈을 불리고 돈을 유지하려면 돈의 속성을 잘 알아야 한다. 돈은 기분 좋은 곳으로 간다. 자기 계발을 통해 나를 사랑하고 나를 존중하며 내 안에 사랑과 긍정적인 에너지가 흘러넘칠 때 돈은 나에게 온다. 또 나를 통해 흘러간다. 돈에 관심을 가지고 돈과 친하게 지내야 한다.

돈이 돌고 돌면서 나에게 많이 흘러들어 왔다 나간다면 이 얼마나 기분 좋은 일인가! 돈은 편안한 곳, 깨끗한 곳을 좋아한다. 돈 공부와 함께 자기 계발 공부를 하면 금상첨화다.

돈의 힘은 대단하다. 돈이 인생의 전부야, 하며 돈을 권력 삼아 내 맘대로 사람들을 휘두르겠다는 말이 아니다. 돈이 돈을 벌어들이게 하는 힘이 아주 크다는 말이다. **돈을 매개로 아름다운 인생을 꽃피우게 하는 힘이 크다.** 지금부터 돈 공부에 관심을 가지고 이 자본주의 사회에서 돈을 버는 방법을 배워보자. 돈을 버는 방법을 알면 작은 종잣돈을 가지고도 공부하고 투자하며 몇 년 안에 큰 부자가 되는 경우도 많지 않은가! **용기를 내어 공부한 분야에 가급적 빨리 투자를 시작하고 투자하면서 배워보자.** 적은 돈으로 투자에 실패도 하면서 경험을 쌓고 조금씩 성공의 노하우를 배워보자. '아무것도 하지 않는 것이 가장 위험한 투자'라고 하지 않는가! 주식, 부동산, 암호화폐, 1인 사업가, 지식산업 생산자 등 어느 분야든지 도전해보자.

돈 버는 방법을 알게 되면 삶의 기초가 흔들릴 일은 없을 것이다. 마치 필요할 때면 현금지급기에 가서 현금을 인출하듯 하면 되니까 말이다. 병원에 입원한 환자들에게 돈다발을 주고 얼마인지 헤아리게 했더니 **돈을 세는 동안은 통증의 수치가 의미 있게 줄어들었다**는 연구 결과도 있듯이 풍족한 돈은 우리를 지금보다 더 많이 웃게 할 것이다.

돈과 행복이 꼭 비례관계는 아니라고 하지만 내가 진정으로 살고 싶은 삶, 의미 있는 삶, 탐험하고 모험하고 도전하는 삶을 살아가려 할 때 돈은 우리 인생을 아름다운 꽃으로 피어나게 돕는 유용한 도구임은 부정할 수 없다. 경제 자본이 구축되면 이로 인해 문화적인 생활을 영위하기도 훨씬 편안해진다. 음악회, 전시회, 각종 문화 공연, 패션쇼, 스포츠 관람 등의 활동으로 내면을 풍성하게 하고 그로 인해 인품이 고양되며 시야도 넓어진다. '돈이 사람을 아름답게 한다'라는 마돈나의 말에 깊이 공감한다. 경제 자본이 탄탄하게 구축되어야 그 기반 위에 나머지 인생 자본인 심리 자본, 문화 자본, 사회 자본, 언어 자본 등의 멋진 건물이 훌륭하게

세워질 것이다. 경제 자본은 여러 자본을 구축하는 가장 기본적인
토대다.

백만장자처럼 생각하라

부자처럼 생각하고 부자처럼 행동하라

도대체 백만장자들의 생각은 어떤 것인가? 나와는 어떤 생각의 차이가 있을까? '돈'과 '부자'라는 단어를 가까이 두고 생각해본 적이 별로 없는 나는 평범한 직장인의 생활을 당연한 것으로 받아들이고 항상 아등바등 살아왔다. 최근에 자본주의 사용법에 대해 알게 된 후 큰 충격을 받았다. 여러 매체들을 통해 자수성가한 부자들의 모습을 알게 되고 그들의 생각을 들으면서 '아, 부자가 되는 생각과 행동이 따로 있구나' 하고 놀랐다.

누구나 부자가 될 수 있는 세상이다. 우주 만물을 둘러보면 무수한 생명과 한없이 풍성한 자원이 있다. 우리 모두 부자가 되어도 부족함 없는 풍요함으로 가득 채워져 있다. 창조주는 우리 모두 원하는 것을 마음껏 누리고 행복하고 풍족하게 살기를 바란다. 내가 부자가 되면 다른 사람이 부자가 되지 못할까 걱정하지 않아도 된다. 다만 부자가 되려고 생각하지도 않고 바라지도 않기에 그냥 가난한 채로 또는 보통의 삶에 안주하고 만다. **태어날 때 가지고 온 부의 그릇을 절반도 채우지 못하고 맛도 보지 못하고 떠난다면 얼마나 아쉬운 일인가! 부는 제로섬이 아니다.** 누군가 부자가 되면 다른 사람의 부가 줄어드는 일은 없다. 누구나 부자가 되는 길을 따라가면 부자가 된다.

돈은 기쁨을 따라 움직인다

돈 항아리가 가득 차오르게 하려면 먼저 마음에 뚫린 구멍을 막아야 한다. 여기서 마음에 뚫린 구멍은 돈에 대한 강박이자 집착이다. 돈이 없네, 돈이 부족하네, 돈이 없어 불행하네 하고 감정적으로 힘들어하고 그 생각을 계속하면 현실에서도 돈이 없는 상황이 발생한다. 현실은 생각 에너지 주파수에 맞는 상황을 끌어당기기 때문이다. 즉, 오랜 시간 자주 생각한 것이 나의 현실로 나타난다. 현재 아주 적은 돈을 가지고 있더라도 '나에게는 돈이 넉넉하게 있어'라고 말해야 점점 더 돈이 많아진다. 풍요롭고 여유 있는 마음에 풍요가 찾아온다는 원칙이다.

내 인생아 흥해라

세계적인 사업가 켈리 최의 책 『웰싱킹』 프롤로그에 기록된 내용을 살펴보자.

"돈을 지불하고 원하는 물건이나 서비스를 받으니 얼마나 감사하고 고마운가! 또한 그 돈이 흘러가 돈을 받는 사람의 생활비나 교육비로 쓰일 것이니 얼마나 기쁘고 좋은 일인가! 좋은 표정과 즐거운 기분으로 돈을 쓸 때 다른 사람에게도 기쁨을 주고 세상에도 풍요로움이 흐르게 한다. 그런 돈은 또 기분 좋게 나에게 흘러 들어 온다. 돈은 기쁨을 따라 움직인다."

생각의 차이가 부를 결정한다

풍요의 생각이나 결핍의 생각이나 모두 에너지이지만, 그 방향성은 정반대다. 결핍의 생각은 과거에 붙잡혀 있다. 풍요의 생각은 현재와 미래로 향한다. 그래서 결핍의 생각은 인생을 제한하고 벽에 가둔다. 풍요의 생각은 인생의 지평을 넓히고 무지의 벽을 부순다. 확실히 **부자는 생각이 다르다.** 행복한 부자가 될 수 있다고 생각하고 굳게 믿어본다. 지금의 상황이 어떻든 간에 풍요로워질 수 있다 확신하고 풍요로운 감정과 태도로 살아가려 한다. 현재 자신이 가진 것을 감사하게 생각하며 언제나 주변에 사랑과 관심을 베풀면 삶에 기쁨과 행복이 넘친다. 따뜻한 사랑이 있는 곳에 돈도 안심하고 많이 흘러들어 온다.

돈은 인격체다. 돈은 자신이 가치 있게 쓰이고 낭비 없이, 짜임새 있게 운용되기를 원한다. 돈이 부족하다는 사람들은 항상 돈을 걱정하고 인색하고 궁색하며 돈과 인연이 없다고 비관하고 우울해한다. 돈을 쓸 때마다 불안해하니 돈의 흐름이 막힌다. 돈이 그에게 머물러 있기가 불편한 것이다. 돈도 사람처럼 편안하고 넉넉한 곳으로 향한다.

이서윤, 홍주연 저자의 책『더 해빙』을 보면 다음과 같은 대목이 있다.

"세상에는 정말 많은 돈이 있답니다. 물에 손을 담그면 시원한 감촉을 느낄 수 있듯 우리도 얼마든지 돈을 누리고 풍요를 느낄 수 있어요. 이것이 having, 우리 안의 힘이죠. 그리고 having은 우리를 자연스럽게 더 많은 부를 흘러갈 수 있게 해줘요."

여기서 having은 지금 가지고 있음을 충만하게 느끼는 감정이다. 노트에 **내가 가진 것들을 하나하나 적어보면 얼마나 부자인지 실감이 난다**고 한다. 부자는 풍요로움을 항상 느끼고 돈을 쓸 때도 돈을 받을 때도 기쁨이 가득하다. 수중에 단 몇천 원의 현금을 가지고 있어도 따뜻한 커피 한 잔을 기분 좋게 사서 마실 수 있다는 것! 또 예쁜 꽃 한 송이를 사서 식탁 위 꽃병에 꽂아둘 수도 있다는 것! 이렇게 생각하면 삶의 향기와 풍요로움이 느껴진다. 현재 **내가 가진 것에 충분히 감사하고 감사하면 감사할 일들이 계속 흘러들어 온다.**

자연의 무한에 감사하면 부가 흘러들어 온다

행복한 부자가 되기 위해서 가장 중요한 것은 인생을 대하는 마음가짐이다. 인생에 닥치는 수많은 일은 사실 좋은 일, 나쁜 일로 명확하게 구분하기 어렵다. 당장에는 힘들고 괴로운 일도 시간이 지나고 보면 나를 성장시키고 발전시키는 좋은 기회가 되기도 한다. 그러므로 나에게 일어나는 일들은 좋은 일이다. 모든 것을 긍정적으로 생각하면 인생이 바뀐다. "나는 부자가 되고 싶어" 하는 것은 나는 부자가 아니라고 생각하는 것과 같다. 나는 부자가 되어간다고 믿고 부자처럼 생각하고 행동하는 게 심리적 안정에 좋다. **지갑에도 깨끗한 현금을 두둑이 넣어 다니고 통장 잔고란에도 동그라미를 4개 정도 붙여서 적어놓는다. 풍요로움을 느끼고 기쁜 감정을 유지하는 하나의 방법이다.**

자연의 무한한 존재들을 자주 음미해보자. 비 오는 날, 빗방울의 숫자는 헤아릴 수 없이 많다. 바닷가 모래사장의 모래들도 헤아릴 수 없다. 한여름 나무들의 나뭇잎 수도 엄청나다. 많다! 부에 대한 상상만으로도 우리 몸의 호르몬은 여유롭게 흘러 몸을 편안하게 한다. 주변을 둘러보면 나를 키워준 우주와 만물, 국가, 사회, 가족, 부모님 등 모두 공짜로 받은 축복이다. 이 모든 것에 감사하고 또 감사하고 고마운 마음을 자주 가지면 좋은 에너지가 생기고 그 좋은 에너지를 따라 인격체인 돈도 따뜻한 나에게 다가와서 존중받고 행복해한다. 자기 친구들에게 '여기 참 좋은 곳이야. 이리 와'

하며 친구들을 많이 데려온다.

밝고 긍정적인 생각 훈련

하루에도 오만 가지 생각이 흘러가는데 긍정보다는 부정적인 생각이 두뇌를 더 많이 차지한다. 이 생각을 밝고 긍정적으로 바꾸기 위해서는 의식적인 훈련이 필요하다. 먼저 원하는 인생을 기록해 본다. 최고의 나를 미리 만나본다. 사업에 성공해서 많은 이들에게 좋은 걸 제공하고 있는 모습을 그려보자. 원하는 삶을 위한 경제적 자유를 이루는 것, 행복한 가정을 꾸리고 주변 사람들에게 도움이 되는 것, 직원들의 생계와 그 가족을 돌보는 것, 만나는 사람들에게 정성을 다하는 것, 일상에서 해방되어 잦은 여행과 탐험을 하는 것, 베스트셀러 작가가 되는 것, 세계 평화를 위해 조직을 꾸리고 활동하는 것 등 생각하고 기록하는 것만으로도 얼굴에 웃음이 번지고 기분이 좋아지지 않는가!

이런 **좋은 생각이 머릿속에 항상 있으면 기쁘고 즐거운 마음으로 목표를 향해 하나씩 행동할 수 있다.** 바쁜 삶 속에 다시 일상으로 돌아가 로봇처럼 살아가기 싫다면 꿈을 적고 생각하고 음미하자. 매일 훈련을 통해 자주 반복적으로 내가 원하는 생각을 할 수 있도록 원하는 것을 기록하고 자주 보고 읽고 듣는 게 좋다.

꿈을 꾸어야 실제로 이루어진다. 사람은 생각한 대로 산다. 비행기를, 자동차를, 전구를 생각한 사람이 있기에 지금 우리가 그 혜택을 누리는 것처럼 말이다. 한 사람의 꿈이 얼마나 많은 이들에게 행복한 삶을 선사했는지 보라!

인류를 위해 거창한 꿈을 꾸지 않더라도 개인적으로 원하는 집이나 차, 또는 자산을 꿈꾸어도 좋다. 우리가 아는 워런 버핏, 빌 게이츠처럼 어느 정도 부와 성공을 얻었다면 다른 사람을 돕고 지구촌에 공헌하고자 할 것이다. 켈리 최 회장은 '부자란 남을 돕기로 결심하고 사회적인 공헌을 실천하면서 인격적으로 완성된 사람을 일컫는다'라고 말했다. 부자가 많은 세상은 더 아름답고 더 따뜻한 세상이 된다.

돈 공부, 지금도 늦지 않았다

 돈 공부? '돈'이라는 단어도 '공부'라는 단어도 그다지 흥미 있는 단어는 아니다. 하지만 삶의 많은 부분이 돈과 관련되어 있다. 부모님을 편히 잘 모시고 싶고 자녀들에게 좋은 교육의 기회를 제공하고 싶고 나의 꿈을 이루며 사랑하는 사람과 여유 있고 행복하게 살기를 바란다면 그에 필요한 돈이 있어야 한다. **돈이 많다면 원하는 삶을 훨씬 쉽게 꾸려갈 수 있다. 자본주의 사회에서 돈을 어떻게 바라보고 돈을 어떻게 이용해야 하는지 알지 못한다면 일생 돈 걱정을 하며 돈에 끌려가는 삶이 될 수 있다.**

 오랫동안 학교에 다녔는데도 돈을 주제로 돈을 모으고 불리고 사용하는 것에 대해 구체적으로 배운 적이 없다. 돈이 우리 생활에 어떤 의미인지 모르고 살다가 급한 일이 생겼을 때 '아, 나는 왜 돈이 없지' 하고 갑자기 우울해질 수 있다. 특히 우리나라처럼 타인과 비교하는 데 익숙한 문화에서는 더욱 돈 때문에 위축될 수 있다. 돈벼락 한번 맞아봤으면, 돈 걱정 없이 맘껏 원하는 대로 한번 살아봤으면, 로또에 당첨되어 무한정 돈을 써봤으면, 도깨비방망이만 두드리면 뚝딱 하고 돈이 생겼으면 하는 바람은 누구나 한 번쯤 상상해보는 꿈이다. 이는 허황된 상상만은 아니다. 물론 자본주의 체제와 돈을 공부했을 때 가능한 일이다.

얼마 전에 『50대에 도전해서 부자 되는 법』 책을 읽었다. '꿈꾸는 서 여사'로 알려진 저자는 찜질방 매점에서 '이모님'으로 불렸는데 1년 6개월 만에 25억 원 자산가가 되었다. 이모님은 막막한 현실에서 벗어나기 위해 부자들이 실천했다는 방법을 모조리 찾아보고 따라 했다. 연, 월, 일 목표와 계획을 세워서 새벽 4시에 일어나는 것을 시작으로 독서와 경제 공부, 운동, 돈 관리를 했다. 신용카드를 모두 없애고 4인 가족 기준 일주일에 7만 원, 한 달에 35만 원의 식비를 쓰는 것으로 생활비 예산을 짜서 소비 패턴을 완전히 바꿨다. 그리고 블로그를 통해 자신의 절약 방법을 사람들에게 알리면서 전자책, 강의, 스마트 스토어에도 도전했다. 짬짬이 앱테크로도 돈을 모았다. 그 결과 일하지 않고도 매달 200만 원이 넘는 생활비를 벌게 됐다. 또한 아껴서 모은 종잣돈 1,000만 원으로 부동산, 주식, 달러, ETF에 도전해 아파트 3채와 노후 자금을 만들었다. 명확한 목표, 의지와 용기, 꾸준한 실행력이 있다면 50대에 도전해도 인생을 완전히 바꿀 수 있음을 몸소 증명했다.

메리츠자산운용 대표 존리 씨도 주식투자로 누구나 다 부자가될 수 있다고 강조한다. 올바른 투자 방법을 배우고 오늘부터 커피 값을 아껴 주식에 투자해보라고 권한다. **여윳돈으로 조금씩 도전하고 더러는 실패하면서 노하우를 익히면 부의 창출은 불가능한 일이 아니다.**

우리가 학교에서 배운 것은, 좋은 대학을 나와 좋은 직장에 취직해서 평생 안정되게 사는 것이 행복한 삶이라 배웠다. 그래서 학생들이 취업을 위해 갖은 스펙을 쌓고 각종 시험을 준비하고 좁은 취업문을 통과해 대기업 직원이나 공무원이 되었다고 하자. 그 삶의 모습은? 내 모든 노동과 소중한 시간을 오직 월급과 바꾼다. **월급이 남고 내가 사라진다.** 공무원이든 의사든 회사원이든 직장인의 생활은 결코 시간과 돈으로부터 자유와 행복을 얻을 수 없다. 아무리 아끼고 아껴서 월급을 모아도 도시에 아파트 하나 사기도 쉽지 않다. 자녀 교육비나 생활비도 넉넉하지 않은 현실이다.

그럼 어떻게 해야 시간적으로도 경제적으로도 여유 있는 부자가 될 수 있을까? 먼저 돈 공부가 필요하다. **월급 이외 여러 가지 수입원을 만들어야 한다.** 즉 부동산, 주식, 가상화폐, 온라인 1인 기업 등 투자를 해야 한다. 물론 위험이 뒤따른다. 위험하다고 아무것도 하지 않으면 항상 월급으로 아등바등 돈의 노예가 되어 살아야 한다. 그럼 이렇게 위험하다는 투자를 어떻게 배워서 성공할 것인가?

경제 공부도 한 걸음부터

우리가 살아오면서 배운 대로 하면 된다. 처음에 걸음마를 배울 때 아주 조금씩 한 발 내딛고 또 주저앉았다가 또 한 발 더 내딛어보면서 어느새 두려움 없이 씩씩하게 걷게 되지 않았는가. 어느 분야든 처음에는 조금씩 적은 돈으로 여러 번 경험을 쌓아가면 된다. 당연히 실패할 수 있다. 실패할 때마다 원인을 파악하고 시장을 분석하며 다시 도전하면 서서히 성장하게 될 것이다. **작게 실패하고 자주 실패할수록 시야도 넓어지고 투자 포인트도 습득하게 된다.** 이 과정이 1년이 걸릴 수도 있고 2년이 걸릴 수도 있다. 실전 없이 수년간 지식을 쌓는 것보다는 적은 돈이나마 투자를 하고 시장을 경험하고 발을 담그고 있으면서 배우는 것이 큰 실력으로 쌓일 것이다. 관련 도서를 최소한 다섯 권이라도 읽고 투자를 시작해야 한다. 다섯 권이면 10만 원 정도다.

모든 투자의 기본은 싸게 사서 비싸게 파는 것이다. 그리고 남들이 살 때 팔고 남들이 팔면 사야 한다. 위기가 기회라는 말을 실행할 때를 발견하고 행동하면 된다. 내가 투자하는 투자물이 싼지 비싼지 스스로 파악하기 위해 그 시장에서 머물면서 여러 번 소액으로 투자해보는 것은 성장에 큰 도움이 된다. 또한 내가 어느 분야의 투자에 잘 맞는지, 어느 분야의 투자에는 잘 맞지 않는지 여러 번의 경험을 통해 배우고 확인해야 한다. 이렇게 작은 경험을 쌓는 것이 아주 중요하다. 단번에 투자로 성공하기는 쉽지 않다.

그러나 실패해도 내 자산에 크게 무리가 없는 여윳돈의 범위에서 계속 훈련하는 것은 정확한 투자 시기나 투자처를 알아내는 감각을 키워주는 공부가 된다.

20대든 60대든 나이는 상관없다. **한평생 월급쟁이로 내 꿈과는 상관없는 일에 수십 년을 흘려보낸다면 한 번뿐인 인생이 너무 아쉽지 않은가.** 꿈과 소망을 이루려면 근본적인 부가 받쳐주어야 하는데 고맙게도 우리는 사유재산과 개인의 사업과 투자를 인정해주는 자본주의 사회에 살고 있다. 누구든지 자본주의 금융 시스템을 이해하고 사용할 수 있다면 부자가 될 수 있다. **일찍 투자를 시작하고 다양한 파이프 라인을 만들어 근로소득 외 자본소득을 만들어야 부자가 될 수 있다.**

돈을 벌고, 불리고, 모으는 방법만 터득한다면 언제 어디에 있든 두렵지 않다. 풍요롭게 살 수 있다. 우리가 그토록 갖기를 바라던 돈 방망이를 하나씩 갖게 되니 생각만 해도 얼굴에 미소가 번지지 않는가?

매일 조금씩 씨를 뿌리자

매일 조금씩 투자 공부를 하고 씨를 뿌리면 어느새 쑥 자라난

내 인생아 흥해라

나무의 열매를 맛보게 될 것이다. 새로운 분야를 공부하고 투자를 시작하는 데는 물론 두려움과 어려움과 위험이 따를 것이다. 그러나 오늘 시작하지 않는다면 내일도, 모레도, 또 미래도 지금과 별반 다르지 않을 것이다. 아무것도 하지 않으면서 자기의 삶에 행운과 성공이 찾아오기를 기다린다는 건 무책임한 일이다. 아무것도 하지 않으면 결국 아무 일도 일어나지 않는다.

다른 삶을 살기를 원한다면 오늘 다른 생각, 다른 행동을 조금이라도 시작해야 한다. 돈 공부, 지금 시작하라!

경제에 관심을 가져라

　나는 교육자이신 아버지 슬하에서 2남 5녀 중 여섯째로 태어났다. 아버지는 돈을 절약하고 아끼며 성실하게 사셨고 나는 그것이 아름답다 생각했다. 50 중반을 바라보며 뒤돌아보면 한 번도 풍족하고 넘치게 누린 적이 없다. 그렇다고 부족해서 힘들어한 적도 없다. 선교 활동으로 봉사하며 몸도 마음도 시간도 항상 다른 이들을 향해 있었고 그로 인한 행복과 기쁨도 컸다. 하나님의 것을 잠시 전달했을 뿐인데 때마다 각종 김치와 맛난 반찬들과 더불어 과도한 사랑을 교회에서 받았다. 생활이 어렵지 않았다. 다만 가정 경제를 꾸리는 주부 입장에서 꼭 필요한 소비도 항상 절약하고 불필요한 지출은 통제하며 살아야 했다. 조금이나마 저축을 생활화하기 위해서다.

　그러던 어느 날, 코로나 시국임에도 많은 신흥 부자들이 등장하는 것을 보게 되었다. 주식으로, 가상화폐로, 부동산으로, 사업으로. 예전의 나라면 아예 딴 세상 이야기로 관심도 없었다. 그런데 책과 방송으로 자본주의의 운영 방법을 알게 되고 진정 **내가 원하는 삶에 '부'가 더해진다면 금상첨화라는, 생각의 변화가 있었다.**

돈에 대한 관념을 재정립해야

예전의 나는 '돈'이란 단어를 들을 때면 타락, 부패, 불안, 고생, 몰락, 욕심 등 부정적인 생각이 가득했는데 천지개벽을 했다. 돈의 선한 쓰임새에 대해 눈을 뜨게 되었고 돈으로 할 수 있는 수많은 좋은 일들을 보게 되었다. 뭔가 선한 일을 하려면 가장 먼저 돈이 필요하다. **돈은 맑고 깨끗한 곳으로 흘러가며 선한 일을 하는 데 쓰일 때마다 기쁨과 보람이 증폭된다**는 것도 알게 되었다. 작게는 **가족을 먹여 살리고 건강하게 미래를 설계하도록 돕고 크게는 한 나라를 부강하게 하고 인류를 기아에서 건져내어 행복하게 살도록 돕는다.**

인생의 절반을 넘어가는 나이에 진실로 내가 원하는 삶은 무엇인가? 충분한 경제를 이루어 교육 사업, 의료 사업, 선교사 후원 사업 등으로 사회에 조금이나마 공헌하고 싶다. 지금 바로 충분한 부가 있다면 난 무엇을 하고 싶은가? 생각을 확장할수록 경제 공부가 절실해졌다.

먼저, 생활비를 절약하고 아끼려고 네이버 카페 '월급쟁이 재테크 연구'에 가입해서 여러 가지 도움을 받았다. 생활비 아끼는 방법, 통신료 절약하는 방법, 각종 보험료 절약하는 방법, 식비 줄이는 방법, 예·적금 잘하는 방법 등을 공유하는 카페였는데 2021년 초 카페 회원 10명의 경험담을 기록한 『1억을 모았습니다』라는 책이 나왔고, 이 책을 읽으며 큰 충격에 빠졌다.

책에는 누구나 0원에서 1억을 모을 수 있다는 것을 입증하는 다양한 사례가 담겨 있었다. 누구는 주식과 펀드로, 누구는 부동산 투자로, 누구는 짠테크와 부업으로 돈을 늘려가는 우리 주변 가까운 소시민들의 이야기가 담겨 있어 나에게 놀라움을 주었고 큰 자극이 되었다. '이런 방법들이 있구나, 나도 할 수 있겠다'라는 생각에 여러 번 반복해 읽고 한 분야씩 공부하기 시작했다.

그 후로 네이버 카페와 유튜브를 통해 경제 공부를 시작했다. 경제신문도 구독해서 읽으며 관련 강의도 듣기 시작했다. 주식, 부동산, 사업 등 다양한 것에 관심을 두고 천천히 알아가고 있다. 생소하기도 하고 어렵기도 하나 새로운 도전에 설레기도 한다. 난생처음 주식 거래도 해보았다. 주식 관련 책을 도서관에서 빌려 보고 유튜브로 기초 강의를 들으면서 주식에도 여러 방법이 있다는 것을 알게 되었다. 국내 주식, 해외 주식, 성장주 투자, 가치 투자, 배당주 투자, 지수에 투자하는 인덱스 펀드 등등… 언제나 **투자의 기준은 간단하다. 쌀 때 사서 비쌀 때 팔면 된다.** 소액으로 주식 계좌를 개설하고 한두 종목을 사기 시작했다. 주식 장이 시작되면 하루에도 올라갔다 내려갔다 급변하는 시장에서 초보인 내가 사고팔고 수익을 본다는 게 너무 어지러웠다. 책에서 공부한 대로 기준을 지키고 공부한 대로 투자하는 것이 실전에서는 무척 어렵다는 것을 알았다. 사람의 욕심이 눈을 흐리게 하고 손가락만 까닥이면 매매가 되니 순간의 판단 실수가 많을 수밖에 없다. 여러 차례 손실을 본 후에 조금 신중하고 차분한 마음으로 당장의 큰 수익보다 **장기적으로 우상향하는 미래 성장 가치가 있는 기업에 투자**하는 방향을 찾게 되었고 지금은 **적립식으로 매달 투자하고** 있다. 적금보다 훨씬 큰 수익을 가져다줄 것이라 확신한다.

마침내 2022년 여름에는 사업도 시작하게 되었다. **현금 흐름을 위해 고시원을 임차해서 운영 중이다.** 입실하신 분들에게 깨끗하고 환한 거주 공간을 제공하고자 자주 청소하고 관리하며 돌보고 있는데, 하나씩 배워가니 어렵지 않고 사업 수익도 기대만큼 발생하여 도전하길 잘했다는 생각을 한다. 목표를 세우고 꿈을 향해 하나씩 도전하고 이루어가는 과정을 통해 멋진 선배들을 만나며, 새로운 세상을 경험하고 성장하는 시간이라 감사하다.

빠르게 돈을 벌려고 하지 마라

경제에 관심을 가지고 천천히 올바른 방법으로 돈을 모으고 돈을 불리고 돈을 유지하는 능력을 키우면서 그 **돈을 통해 아름다운 세상을 누리고 더 나은 세상을 위해 뭔가 기여하는 것이 부자가 되는 목적**이라 생각한다. 진짜 경제적인 삶은 많은 돈을 벌어서 풍족하게 사는 것에서 더 나아가 마음에 구름 한 점 없이 떳떳하고 당당하게 살아가는 것이다. 하늘이 두렵기에 함부로 살지 않고 늘 베풀며 그로 인해 마음의 평화를 누리는 행복을 추구한다.

최근 주식과 코인으로 한꺼번에 큰돈을 버는 것에 대한 관점을 김승호 회장의 강의에서 들었다. 많은 이들이 폭락하는 주식에 힘들어하는 요즈음, 김승호 회장의 이야기를 곱씹어보게 되었다.

"돈은 오랫동안 조금씩 버는 게 좋습니다. 빠르게 돈을 버는 데 전혀 관심이 없습니다. **돈은 천천히 좋은 방법으로 버는 게 좋은 방법입니다.** 우리 애들은 비트코인을 40~50불 때 샀거든요. 꽤 벌었지요."

"아빠, 이런 게 있는데 한번 해봐!"

"네가 이걸 통해 이렇게 큰돈을 벌면 마약을 맞는 것과 똑같다. 항상 너는 이런 걸 찾을 것이고 어느 날 이걸 다 날릴 것이다. 아무리 많이 벌고 안전하다 해도 습관이 될까 두렵다. 돈을 버는 것보다 옳지 않은 투자의 습관이 된다는 게 무섭다. 빠르게 돈을 벌려고 하지 마라."

지금은 그런 투자를 하지 않고 배당 이익을 받는 정도의 회사에 투자하고 있다고 한다.

아무리 **돈을 많이 번다고 해도 정신이 황폐해진다면 조심**해야 할 일이다. 커다란 이익이 빠르게 들어온다는 건 천천히 일해서 돈을 모아가는 마음의 자세를 무너지게 한다. 천천히 오랫동안 돈을 모아서 일천만 원을 모으고 다시 1억을 모아나가는 성실한 자세가 건전한 경제생활의 초석이다. 자연에서 자라나는 식물을 바라봐도 그렇다. 식물이 열매를 맺기까지 보통 서너 달이 걸린다. 그걸 한 달 안에 열매를 맺으려는 것은 욕심이다. **욕심을 경계하고 건전한 방식으로 때를 기다리면 열매는 반드시** 얻을 수 있다. **꾸준한 절약과 더불어 목표를 세워 공부를 하며 풍부한 경제를 만들기 위해 움직여보라.** 과정도 결과도 바른 태도라면 자랑스러울 것이다. 돈도 떳떳한 곳으로 모인다.

경제 공부는 계속해야 한다

경제를 위한 공부는 계속해야 한다. 시사와 정치에 관심을 가지고 세상이 어떻게 돌아가는지, 어떤 자세로 살아가야 하는지 늘 새로운 마음으로 공부하며 살아가야 현명한 삶의 투자자가 될 수 있다.

눈을 들어 자연과 만물을 바라보면 한없는 생명과 풍요가 넘쳐난다. 모두가 원하는 것을 누리고 행복하고 풍족하게 살도록 창조

주가 마련해두신 것이다. 참으로 감사하다. 자신을 사랑하고 또 이웃을 사랑하며 다 같이 부와 풍요를 누리며 평화롭게 살아갔으면 한다.

4장

사회 자본

유효실 작가

성장하는 삶을 지향하며 사람들 사이의 관계 속에서
보석을 발견하려고 노력하는 사람이다.
독서와 글쓰기를 통하여 삶의 진지를 구축하려 하고,
'지자요수(知者樂水)'라는 글귀에 마음이 편안해지는 사람이다.
현재 주 관심 분야는 마을 교육 공동체, 우리나라의 전통문화와
정신이며 고등학교에서 한문을 가르치고 있다.
본서에서는 「사회 자본」을 집필했다.

01

사회 자본은 정서 자본이다

＊

연쇄살인마 유○○의 어린 시절은 매우 불우한 가정환경이었다고 한다. 폭언과 폭력이 있는 환경에서 자라나면 정서적 공감 부족으로 마음이 매우 거칠어진다. 세상은 불안하고 위험한 곳으로 인식되고 공격적인 성향으로 자라날 수 있다. 이와 반대로 태어나 **자란 환경이 열악해도 누군가에게 따뜻한 정서적 지원을 받은 경우, 사회적 성공을 누리며 행복하게 살아갈 수 있다.**

단 한 사람의 사랑으로 살아갈 힘을 얻는다

프로야구 선수 이대호는 어린 시절 할머니의 손에 자랐다. 가정형편은 할머니가 시장에서 노점 장사로 겨우 연명하는 수준이었

내 인생아 흥해라

다. 초등학교 3학년 때 같은 반에 전학 온 추신수 선수의 강력한 추천으로 야구선수의 길을 걷게 된 이대호는 감독의 배려로 무료 지원을 받으며 연습했다. 그러다 고등학생 때 갑자기 돌아가신 할머니로 인해 눈물을 흘렸다. 성공한 모습을 보여드리지도 못한 게 못내 후회되었다. 반드시 성공해서 할머니 소원을 이루어드리리라 독하게 훈련에 임했다. 마침내 훌륭한 프로야구 선수가 된 이대호의 성공 이면에는 따뜻한 정서적 지원자인 할머니의 전폭적인 사랑이 있었다. **단 한 사람의 사랑이라도 듬뿍 받은 아이는 행복하게 이 사회에서 살아갈 힘을 얻는다.** 훌륭한 사회 자본을 받은 것이다.

가족의 끈끈한 사랑이나 이웃과 사회의 소통으로 정서적인 풍요를 느끼면서 살아야 행복한 개인이 된다. 최근, 서양 못지않게 우리나라도 개인주의 성향이 점차 형성되는 분위기다. 사회란 모름지기 얼굴을 마주한 활동이 가능해야 유지된다. 2019년부터 2022년까지 코로나로 인하여 세상과 고립되고 물리적 인간관계가 단절되는 상황에 사람들은 매우 힘들어했다. 이 **비대면 상황으로 '만남'이 중요한 사회적 과정임을 절감**하는 계기가 되었다.

코로나 때 지인의 경험담을 들으며 비대면의 고통을 엿볼 수 있었다. 지인은 노인 돌봄 지원사 자격증을 준비하고 있는데 그 과정이 전과 달랐다. 코로나 이전이었다면 국비를 지원받는 자격증이니만큼 학원에 100% 참석 수강이 원칙이나 때가 때인지라 모든 과정이 비대면이었다. 일방적 디지털 교육 방식이 답답했던 수험생들은 서로 소통하기 위해 자발적으로 단체 카톡방을 만들었고 심리적으로 함께 의지하며 같이 공부하니 큰 도움이 되었다. 편안한 대화로 정서적인 유대감도 강화하니 속이 후련하고 공감이 되었다. 비대면 상황에서 이런 카톡방에나마 참여하지 못했다면 얼마나 힘들었을까?

이처럼 서로 간의 친밀감과 **소통력은 사회적 효능을 극대화한다.** 기업에서 소통의 중요성은 말할 필요도 없다.

소통과 공감으로 원만한 사회생활을

어린 시절, 가족 사회에서 제대로 적응하지 못하고 성장했을 경우 후일 많은 정신적인 문제가 발생한다. **가정 안에서 관계 맺기가 원만하지 못하면 어른이 되어 인간관계를 맺는 방식에 어려움을 느낀다.** 이는 사회부적응으로 나타나기도 하고 재능 발휘에 제동이 걸리기도 한다.

사회 자본은 한 사람이 이 세상을 살아나가는 데 없어서는 안되는 중요 생존 자원이다. 우리 사회의 가장 기본 세포 조직은 개인이고, 개인이 개인을 만나 사회를 이룬다. 가정은 두 사람이 만나 사회를 이루는 최소 단위이며 가족 안에서의 소통이 원활해야

내 인생아 흥해라

친척과 이웃과도 잘 지낼 수 있다. **사회에서 잘 살아가려면 소통과 공감의 방식으로 상대방과 교류할 수 있어야 한다.**

책 쓰기 강사의 대모인 송숙희 작가는 사춘기 아들과 소통을 위해 몇 년간 이메일로 편지 쓰기를 했다고 한다. 아침에 눈을 뜨자마자 바로 컴퓨터 앞에 앉아서 생각나는 대로 쓰는 글이다. 편지라기보다는 일종의 독백 같은 글이다. 서로의 편지를 주고받으면서 비록 일상에서는 무뚝뚝한 아들이지만 속마음을 서로 알아주며 살뜰한 정을 주고받을 수 있었고 사춘기의 폭풍 같은 계절을 무사히 지나갈 수 있었다.

공감력을 키우는 사회성 발달에 중요한 요소인 타인 존중의 단체생활이 시작되는 곳이 어린이집과 유치원이다. 여기서 타인과 함께 살아갈 때 필요한 규칙과 양보와 배려를 배운다.

공동체 문화의 압력

2023년 초등학교 선생님들의 자살 문제로 교사들이 집회를 열고 있다. 우리 아이 기죽이지 말라는 식의 일부 학부모들이 교사를 자기 집 머슴 부리듯 하대하고 언어폭력을 한다고 한다. 걸핏하면 아동학대로 고발하니 정상적인 훈육 활동을 할 수 없다. 막무가내 식으로 **'왕의 유전자를 지닌 우리 아이를 특별하게 대접해주**

세요'라고 요구하면 아이의 사회 자본은 언제 형성할 수 있을까?

좋은 아파트에 산다고, 비싼 자동차가 있다고 함께 살아가는 사람들을 무시해도 되는 것일까? 늘 우리 아이 기분을 좋게 해주세요, 칭찬만 해주세요 한다고 아이가 행복해질까? 왕의 갑질을 일상화하는 사람을 어느 사회가 쓸 수 있을까? 성장하여 회사에 취업이나 가능할까? 이는 학부모의 불안이 원인이라고 본다.

"혹시 우리 아이가 왕따를 당하면 어쩌나?"

"혹시 우리 아이가 학교폭력을 당하면 어쩌나?"

내 아이를 공감 잘하는 아이로 키우면 아무 문제가 없을 텐데, 상대가 우리 아이 마음을 읽어주고 공감해줘야 한다고 고집한다. 옛날에는 이모, 고모, 동네 아줌마, 할머니들이 아이를 키웠다. 부모가 조금 이기적이라 해도 온 동네 엄마들의 심성을 조금씩 닮아 아이가 공감 어린 훈육을 받으며 고운 심성을 가꿀 수 있었다. 그런 공동체 중 하나가 학교다.

소규모 학교는 선생님들이 아이의 형제와 부모까지 줄줄이 다 꿰고 있다. 학교 역시 공동체의 중심이었다. 또, 온 동네가 한 아이를 키울 수 있는 공동체가 농촌 마을이었다. 나쁜 일을 하려 해도 온 동네가 자기를 지켜보고 있다는 걸 아이는 잘 안다. 공동체의 문화 압력을 의식한다. 지금은 각자 개인별로 살아가는 시대이자 도시의 익명성으로 누가 누구인지 모른다.

"얘, 너 감나무집 둘째가 아니냐?"

오가는 어르신들이 다 알아보고 내 이름과 부모를 다 아는 판국에 어떻게 범죄 행동을 할 수 있을까! 산업화 당시 정부에서 나라 경제를 살리는 공업과 더불어 농업도 중요시하였다면 농촌의 공동체 문화가 지금까지 이어졌을지 모른다. 오늘날 사회적인 범죄도 많이 줄었을 텐데 아쉬운 일이다.

책 『사피엔스』에는 인류의 진화 과정이 협동과 협력의 사회적 존재로 진화하고 발달하였다고 말한다. 현대인들은 산업사회의 변화된 환경에 따른 새로운 협동과 협력이 필요하다. 생산력을 중시하는 현대사회라는 공장에서 **하나의 기계 부속품이 아닌 인간 냄새가 나는 존재로서 협동과 사회성을 추구해야 정서적 유대감을 강화해줄 뿐만 아니라 생산성을 높여준다.** 사회 자본의 절대적 필요성이다.

사회적 자본의 사전적 정의는 이렇다. '사람 간의 협동 행동을 유발해 사회적 효율성을 개선하는 신뢰, 호혜성의 규범, 시민 참가의 네트워크 등 사회 조직의 특징'이다. 여기서 눈에 띄는 말은 '신뢰'다. **신뢰는 사람 간의 협동 행동을 유발하여 사회적 효율성을 개선하는 덕목**이다.

극단적 고립 환경에서 사회의 필요성

영화 '팬데믹'은 코로나로 고립된 사람들의 절망적인 삶을 보여준다. 주인공은 전염병으로 인해 외출이 두려운데다 여성이라는 이유로 현상금까지 걸려 있어 연인 이외의 사람과는 어떠한 소통도 불가능하다. 극단적인 고립 상황에 처한 주인공이 안쓰럽다 못해 처절한 모습이다. 이런 주제를 다룬 영화나 책을 보면 더욱 사회 자본의 필요성을 실감하게 된다. 하고 싶은 말도 혼자서 하는 외침보다는 함께 외치는 목소리가 더욱 영향력이 있고 심리적으로도 안정이 된다. 사회에서 일을 추진할 때나 사업을 시작할 때 역시 사람을 얼마나 많이 알고 있는가에 따라서 큰 도움을 받을 수 있다. 이렇게 **소통의 사회 자본은 우리의 삶에 꼭 필요하다.**

태어날 때부터 훌륭한 사회 자본을 가지고 출생하는 행운아도 있다. 예를 들면, 연예인 부모 밑에서 연예인이 나오고 법조인 집안에서 법조인이 나오고 의사 집안에서 의사가 다수 배출되는 경우다. 태어난 환경이 바로 사회 자본이다. 그런 환경에 둘러싸여 있기에 그 일을 선택한다. 미국에 이민 간 한국인들이 가장 먼저 한인 교회에 참석하는 이유 역시 단순히 종교적인 의미 때문만이 아니다. **만남을 통해 친교와 사업을 위한 관계 형성의 이점(利點)이 크기 때문이다. 사회 자본을 만들려는 노력이다.**

부정적인 사회 자본도 있다. 예를 들면 집단 내 부정적 관계 강화를 통해 조장되는 폭력이나 범죄 조직이다. 죄를 지어 교도소에 들어간 이들이 그 속에서 만난 사람들에게 새로운 범죄를 배우기도 하고 용기(?)를 얻어 악질 범죄를 일으킬 확률이 높아진다면 이는 큰 문제다. 게다가 가출한 청소년들끼리 원룸이나 고시원, 모텔 등에 모여 숙식을 해결하는 일명 가출팸(가출하여 모인 패밀리의 줄임말로 청소년들 사이에 쓰이는 은어)도 있다. 가출팸은 10대 가출 청소년들이 저지르는 범죄의 온상이다. 여자 청소년들은 성매매를 강요당하기도 한다. 나쁜 쪽으로 물드는 것도 순식간이다. **부정적인 사회 자본을 멀리해야 하는 이유**다.

긍정적 사회적 자본을 만드는 방법

그렇다면 어떻게 사회적 자본을 조성하고 축적할 것인가? 과거에는 서로 상부상조하던 문화의 흔적들이 점차 사라지고 있다. 농번기에는 두레(농민들이 농번기에 농사일을 공동으로 하기 위하여 부락이나 마을 단위로 만든 조직)와 품앗이(힘든 일을 서로 거들어주면서 품을 지고 갚고 하는 일)라 하여 번갈아 가며 온 동네의 모내기를 다 같이 했다. 이때는 **사회적 자본이 저절로 형성**되었고 집성촌의 경우는 온 동네 사람들이 다 친척이었기에 일부러 노력하지 않아도 저절로 상부상조하는 문화 속에서 아이들이 성장할 수 있었다.

그런데 1970년대부터 불어온 산업화로 인해 지금은 그 인력들이 공장과 기업들로 흡수되어버렸고 고급 정보사회가 된 지금은 결혼 축하의 표시로 부조금조차 계좌이체로 보내는 일이 많아졌다. 물론 직접 현장에 찾아가기 어려운 비대면 상황이라지만 좀 냉정해 보인다. 결혼식장에 와서 진심으로 축하해주는 친구들의 숫자가 얼마나 많은가, 나이 들어 죽을 때까지 남아 있는 친구의 숫자로 그 사람의 사회성을 가늠하기도 한다. 죽을 때까지 남은 친구가 3명 이상 있다면 괜찮은 인생이라고 한다.

사회 자본은 유아기 부모님과 관계로부터

부모와 대화가 잘되고 공감과 수용이 일어나는 가정에서 자란 아이는 세상은 참 좋은 곳이라는 경험을 한다. 그가 만나는 사람들은 부모의 반영이라 느끼며 살갑게 다가갈 줄 안다. 도움이 필요할 때 손을 내밀 줄도 안다. 부모의 삶에 대한 태도와 반응을 보고 아이는 그대로 따라 한다. 부모가 이웃과 좋은 관계를 맺고 살아가면 아이 또한 그렇게 살아간다. 이렇게 아이의 사회적 행동의 저변에는 부모의 삶이 있다.

태어나 **가장 먼저 만난 사람이 자기를 어떻게 대하는가를 보고 그대로 타인을 대한다**면 어머니의 품성이 얼마나 중요한지 알 수 있다. 이런 이유로 청춘들이 결혼하기 전에 부모학교를 꼭 졸업했으면 한다.

무엇보다도 부모는 자기 자신과 관계가 좋아야 한다. 부모 또한 그의 부모에게 보고 배운 것이므로 세상을 비관적으로 보거나 원만한 인간관계가 어렵다면 반드시 치료가 필요하다. 자기 자신과 관계가 좋지 않은데 어떻게 내 아이와의 관계가 좋을 수 있을까? 관계의 처음은 자신이다. 자신을 괜찮은 사람으로 인정해야 아기를 대할 때 사랑이 간다. **사회 자본의 처음은 자기 자신을 안아주고 사랑하는 마음이다.**

영향력은 타인을 성장시킬 때 커진다

글로벌 기업 '켈리델리'의 창업자 켈리 최 씨는 2020년 5월, 영국 선데이타임즈가 발표한 400대 부자 순위 345위에 이름을 올렸다. 당시 자산은 한화 약 6,200억 원으로 데이비드·빅토리아 베컴 부부(354위)보다 앞서 화제를 모았다. 그러나 겸손한 그녀는 저서 『웰씽킹』에서 이렇게 말했다.

"제가 워낙 찌질하지 않나요. '이렇게 찌질한 켈리 최가 했다면 나도 할 수 있지 않을까?' 하고서 희망에 찬 분들도 많습니다. 누군가의 멘토가 될 수 있어 영광입니다."

켈리 최의 성공 이면에는 그녀만의 노하우가 있다. 자신이 맡은 일을 개척한 후 다른 사람에게 자리를 넘겨주고 자신은 더 높은 질량의 일로 옮겨 개척하는 방법이다. **함께하는 이들을 성장시켜 꿈을 이루도록 하려는 배려다.** 이렇게 반복적으로 끊임없이 성장했다. 성장의 방향이 자기 안으로만 향하면 이기적인 것이 되지만,

성장의 방향이 공동체를 위하는 방향으로 넓고 크게 쓰일 때 사람은 자신 이상으로 확장되어 더 큰 꿈을 실현할 수 있다.

나보다 상대방의 성장을 고민하자

요즈음은 디지털 시대 정도가 아니라 컴퓨터를 다룰 줄 모르면 돈 벌기도 어렵고 장사하기도 쉽지 않은 세상이 되었다. 컴퓨터 한 대로 큰돈을 벌기도 한다. 나만의 아이디어로 승부할 수 있는 유튜버도 이제는 특별한 사람들만의 것이 아니다. 내 플랫폼인 블로그나 유튜브 구독자 수가 수천이 넘고 수만 명이 되면 수입과 명예가 뒤따른다. 그야말로 커뮤니티 크리에이터가 되고 인플루언서가 될 수 있다.

'커뮤니티 크리에이터'란 나만의 지식, 가치, 신뢰, 소통을 기반으로 지속 가능한 경제 생태계를 만드는 사람들이다. 나와 뜻을 같이하는 사람 1,000명이 모이면 그 영향력은 엄청난 화력을 가진다. 인플루언서의 경우 자신의 지식과 달란트를 가지고 사람들을 이끌어나간다. 이를 팔로잉하는 사람들은 그를 통해 성장하고 그의 영향력은 점점 더 커진다. 코로나 시대를 계기로 강의와 미션을 주는 강사가 부쩍 늘어났고 따라서 자기 계발하는 사람들도 많아졌다. 모든 영역이 서비스의 주제가 될 수 있다. 요리, 운동, 투자, 외

국어, 책 쓰기 등 수많은 분야가 보통 사람들의 진입을 기다리고
있다.

'고도원의 아침 편지'로 유명한 고도원 원장은 인도 여행 중 문
득 아이디어를 떠올리고 동행한 이들에게 자신의 미래 계획을 설
명했다.

"한국으로 돌아가면 고도원의 아침 편지를 다수의 구독자에게
무료로 제공하겠다. 그것을 계기로 수많은 구독자가 모이면 후원
을 받아 명상 센터를 건립할 것이다."

하지만 아무도 그의 말에 귀 기울이지 않았다. 그저 망상 수준이
라 여기며 반신반의했다. 그는 한국에 돌아와 바로 고도원의 아침
편지를 무료로 소수의 독자에게 이메일로 보내기 시작했다. 결과는
대성공이었다. 그의 아침 편지는 기분 좋게 아침을 시작하게 한다
는 소문과 함께 입소문을 타고 금방 구독자 수만 명을 넘겼다. 많
은 이들이 아침 편지에서 위로와 희망을 얻었고 용기를 갖고 인생
을 열심히 살게 되었다. 마침내 그는 후원자들의 후원으로 충주시
주변의 산을 사들여 명상 센터를 건립했다. 그는 많은 이들에게 상
쾌한 아침을 만들어주고 자신도 상쾌한 인생을 살아가고 있다.

카카오 역시 사람들에게 무료 어플 카카오톡을 제공했다. 카카
오는 지금 다수가 사용하는 커뮤니티 플랫폼이 되었고 주가도 엄
청나게 뛰었다. 카카오뱅크와 광고 모두 반응이 폭발적이다. 오픈

마켓도 사람들에게 적은 비용과 노력으로 경제활동 참여를 가능하게 도와준다. 사람들이 서로 소통할 환경만 조성해주었는데 거대한 영향력을 발휘하고 있다. 사람들을 성장하게 하고 발전하게 하고 희망과 위로를 전하는 자리를 마련해주었을 뿐인데 그 길에서 수많은 이윤이 창출된다.

당근마켓, 중고나라 등 중고 물품 거래 장터도 그렇다. 그저 사람들이 서로 사고팔 수 있는 플랫폼 하나를 열어주었을 뿐인데 거기에서 창출되는 광고료만 해도 어마어마하다. 사람들이 놀 수 있는 장을 제공하기만 했는데 거기에서 사람들은 소통과 정보를 얻고 기업은 홍보하며 사회적인 부가가치를 창출하니 일석3조다.

공동체를 위한 고민이 우선되어야

영향력은 타인을 성장시킬 때 커져나간다. 요즈음은 지나치게 개인적 성취에만 매달리는 경향이 있다. 교육의 장소에서도 취업과 개인적인 발전을 위한 교육이 전부다. 오죽하면 대학을 취업을 위한 곳이라고 하겠는가? 고귀한 삶을 위한 과정과 사색이 없다. 물론 취업 전용 학원에서는 당연히 기술과 취업에 필요한 지식을 가르친다. 그저 한 개인으로 살아가기에 유용한 기술을 얻는다. 개인적인 삶을 위한 기술을 배우는 학원에서 진정한 삶을 위한 진심

어린 피드백을 주고받기는 어렵다. 그저 배워야 할 교과목을 해치울 뿐이다. 돈 많이 벌고 남들이 부러워하는 직업을 가지도록 돕는 것이 목표다. 거기에는 존경과 의무가 포함되어 있지 않다. 일과 노동에 담긴 인간의 존엄성이나 인격을 갖추는 수업을 기대하기 어렵다. 사람과 사람 간의 진정한 만남의 공부는 없다. **공동체를 위해 무엇을 해야 할지, 어떤 사람이 되어야 할지**에 대한 성찰은 찾기 어렵다.

청년 시기에는 직업 교육의 실용성도 필요하지만 성장을 이루는 배움도 중요하다. 이는 우리 사회가 필히 고민해봐야 할 대목이다. 진리와 자유를 추구한다는 대학 교육마저 눈앞의 취업을 위한 실용 교육에 치우쳐 있으니 안타까운 일이다. 취업률 몇 퍼센트라는 성과를 자랑하는 대학들의 홍보가 참으로 씁쓸하다. 사람과 사물에 대한 사랑과 애착을 키우는 내적 풍요의 교육이 뒷전으로 밀려나 있다. 아무리 실용적인 밥벌이 교육이 먼저라고 해도 일터에는 사람을 위한, 사람에 의한, 사람을 사랑하는 정신으로 임해야 한다. 내가 하는 이 작은 일이 우리 공동체의 번영과 발전에 도움이 된다는 사실을 직시하며 일에 임한다면 그 일은 위대한 사회 자원을 만드는 원동력이 될 것이다.

소통의 이자를 남기는 비결

BTS는 음악으로 세상과 소통하고 있다. 처음 아미(BTS의 팬클럽)가 된 사람들의 이야기를 들어보면 BTS 음악을 들으면서 위로와 마음의 성장을 경험한다고 한다. 음악을 통한 변화다. 자기 생각이 솔직하게 드러난 가사에서 진정성을 느끼고 공감한다. 진실 가득한 가사와 열정을 다한 안무와 훌륭한 곡으로 무장한 BTS는 이미 세계적인 아티스트다. BTS처럼 진정성 있는 소통이 커질수록 그 영향력은 엄청나게 커진다. **진정성 가득한 소통은 상대를 살리고자 하는 마음에서 비롯된다.** 사람을 사랑하는 마음에서 시작된다.

먼저 사람이 되어야 한다. 사랑할 줄 아는 사람, 상대의 고통에 공감할 줄 아는 사람이 되어야 그가 하는 모든 일이 이 사회에 아름다운 빛을 내는 보석이 된다. **사랑을 담아서 일하는 멋있는 사람을 누가 좋아하지 않을 수 있을까? 내 사랑을 일에 담아 상대에게 드리는 삶이 우리의 봉사이자 사회를 크게 만드는 비결이다. 소통의 이자를 남기는 방법이다.**

70%만 거두고 나눈다

남는 게 있는 인생은 어떻게 만들어질까? 자연계의 법칙을 보자. 한 그루의 나무가 자랄 때는 물과 공기와 양분과 햇빛을 먹으며 자라난다. 무럭무럭 자라서 꽃을 피우면 그 향기를 따라 벌과 나비가 오고 벌레들도 와서 꿀을 따 먹는다. 머지않아 사람과 동물들이 그 열매를 따 먹는다. 일견 괴롭고 손해 보는 장사 같다. 하지만 그들이 그걸 먹고 씨앗을 뱉어내면 거기서 뿌리를 내리고 자손을 번식할 수 있다. 자칫 손해인 듯해도 그 손님들이 나에게 왔기에 그들의 도움을 받아 성장하고 번식한 것이 아닌가!

우리의 삶도 그렇다. 사람들이 오가도록 경험의 문을 열어두어야 한다. 많은 이들과 교류할수록 안목이 넓어지고 배움이 증가한다. 계속 배우고 공부하고 깨달아가야 한다. 살다 보면 간혹 사기를 당하기도 한다. 이 또한 배움이다. 더 베풀어야 하는데, 인색하게 살지 말라는 하느님의 경고인지도 모른다. 때로는 흠뻑 나눠주고 때로는 받기도 하며 주고받는 율동 속에서 조화로운 인생이 이어진다면 풍요로운 삶을 살았다고 할 수 있다. 농부가 100%를 다 먹으려 하면 마음이 옹졸해진다. 자연의 벌과 벌레들에게도 나눠주고 70%만 거둔다는 정신으로 농사를 지어도 분명 남는 이득이 있다.

많은 이들과 만나고 다양한 환경에 자신을 갖다놓는 것이 어찌

보면 위험해 보이지만 나의 성장을 위해 꼭 필요한 일이다. 우리 두뇌 역시 같은 환경이 아니라 여러 색깔의 환경을 만날 때 가장 활성화된다고 한다. 진정한 영향력은 나를 내어주고 또 많은 것을 받아들이는 만남과 교류에서 비롯된다. 그게 여행이든 독서든 인생의 이자는 경험의 다양성이 주는 선물이다.

젊은이여! 한곳에 안주하지 말고 많은 사람들을 만나라. 나를 조금씩 내어주며 서로 영향을 주고받으며 걸어가라. 싫은 사람, 좋은 사람 가리지 말고 사귀고 그들의 말에 귀를 기울이라. 피드백을 주고받으며 무한 성장하라! 주위에 봉사와 나눔의 거름을 듬뿍 뿌려라! 튼실한 열매를 되돌려받을 테니까!

위로 도약하려면 관계를 만들어라

✳

　서양에서는 고등학교만 졸업하면 각자 독립하는 문화가 있다. 우리나라 부모님들은 자녀가 성장해 결혼하고 난 이후에도 AS를 계속한다. 그만큼 자식을 유약한 사람으로 여기며, 스스로 세상을 살아갈 수 있는데도 여전히 도움이 필요한 아기로 여긴다. 사실 독립하지 않은 마마보이는 아내에게 큰 짐이 되기도 하고 독립하지 않은 마마걸은 친정어머니와 함께 남편을 괴롭히기도 한다.

독립적인 개인만이 관계를 만들 수 있다

　사회란 개인에서 가정, 이웃, 공동체 이런 식으로 그 반경이 넓어진다. 여기서 가장 먼저 바로 서야 하는 게 각 개인이다. 무엇보다

으뜸으로 스스로 삶을 영위할 수 있는 경제력과 더불어 정신적으로 독립해야 한다. 그제야 비로소 원만한 가정을 만들 수 있고 나아가 이웃과 사회의 한 일원으로 자리할 수 있다.

현실은 어떠할까, 요즈음 어떤 이들에게는 자신만을 위해 살아가는 좁디좁은 개인 이익 추구의 사고방식이 많이 보인다. 코로나 때부터 각자 살아가는 사람들이 늘어나고 있고 관계 만들기를 회피하고 있다. 반대로 팬데믹 현상으로 만남이 줄어든 현상을 환영하는 사람들도 있다. 그동안 진상 인간들에게 얼마나 시달린 것일까? 아니면 색깔이 다른 이들을 참느라고 또 얼마나 괴로웠던 것일까? 사실 움츠릴수록 내 마음도 좁아진다. 어느 정도는 나를 드러내고 세상에 나가 그들을 들어주며 살아야 한다. 그래야 관계의 율동이 시작된다. 순수한 흰색일수록 섞이기 싫어하겠지만 그럴수록 소외된다. 내가 먼저 나를 준비한 다음, 마음을 열고 다가가야 삶이 풍성해진다. 정신적으로 미숙하여 주위 사람들에게 늘 의지하거나, 조금만 힘들면 참고 노력하는 대신에 불평불만을 일삼는다면 누가 그 사람과 친구나 연인이 되고 싶겠는가! 회사나 직장에서도 환영받기 힘들 것이다. 준비된 사람, 스스로 자기 삶을 개척하며 살아가는 사람만이 관계를 만들 자격이 있다 하겠다.

모든 관계는 노력이다

"상대가 이런 사람이었으면!"

"상대가 나에게 이렇게 해주었으면!"

관계에 맹탕인 아기 영혼들은 가만히 앉아서 상대가 알아서 내게 친절을 베풀기를 바란다. 무조건적인 친절은 어려서부터 지금까지 보살펴준 부모님의 사랑일 뿐, 남에게 부모님의 친절을 기대하는 것은 어리석다.

사회에서 친구를 만들려면 내가 먼저 다가가야 한다. 모든 관계는 나에게서부터 출발한다. 상대가 다정하게 다가오면 좋겠지만 그런 일은 없다. 내가 먼저 따뜻한 차라도 대접하고 내가 먼저 인사하고 말을 붙여야 한다. 가만히 있는데 누가 오겠는가. 물론 직장에 들어가면 처음에는 사람들이 친절하게 대해주고 안내도 해주고 한다. 그때 어떻게 그들을 대하느냐에 따라 앞으로의 인간관계의 질이 결정된다. 친절함에 감사 표시를 하고, 모르는 것은 기꺼이 배우며 밝은 표정으로 생활하면 자연히 좋은 관계가 이어진다.

한 아이가 찾아와서 눈물을 흘린다.

"저는 친구가 없어요."

"누구랑 친해지고 싶어?"

"○○랑 친하게 지내고 싶어요."

"그래, 노력해보았니?"

내 인생아 흥해라

"아뇨, 그 애가 나에게 친절하게 해주고 같이 놀아주었으면 좋겠어요."

"그래, 친하게 지내기 위해서 넌 어떤 노력을 했니?"

"아뇨, 그런데 나랑 놀아주지 않아요!"

이 대화를 들어보면 놀라울 정도로 자기중심적이다. 친구에게 엄마가 되어달라는 것인가? 친구는 엄마가 아니다. 엄마는 알아서 기분을 살펴주고 챙겨주고 보살펴준다. 친구라면 이야기가 달라진다. 무엇 때문에 내 기분 맞춰주는 하인이 되겠는가 말이다. 그러니 **친해지고 싶다면 내가 다가가야 한다. 그 친구가 좋아할 행동을 해야 한다.** 선물을 주든가, 인사를 잘하든가, 이야기를 들어주든가, 같이 놀아주든가 해야 한다. 이런 노력 없이 저절로 일이 되길 바란다. 행운이란 매일 있는 게 아니어서 그런 일이 일어날 확률은 낮다. 결국 내가 계획하고 내가 행동해야 한다. 상대가 내 서비스를 싫어하면 왜 싫어하는지, 어떤 행동을 하면 좋아하는지 관찰하고 공부해야 한다. 이런 수고를 해야 비로소 관계가 맺어진다.

모든 관계는 노력이다. 물론 남녀 간에 외모에 반해서 하는 쉬운 연애도 있다. 상대가 나를 보고 홀딱 반해서 아무 노력을 하지 않아도 상대가 나에게 매달린다. 그렇다고 해도 그 수명은 호르몬 분비에 달려 있어서 2년 정도에 그친다고 한다. 연애의 수명을 더 연장하고 싶으면 노력해야 한다. 그래서 모든 위대한 사랑은 노력이고 인내이고 수고라는 명언이 있다.

'나' 위주의 단순한 생각에서 벗어나 나와 다른 남들을 포용할 수 있을 때 드디어 사회적인 존재로 거듭난다. 나를 살리기 위해서 애쓰는 단계가 물론 필요하다. 내가 살기 위해서는 내 상품과 나의 재능을 갈고닦아야 하고 이를 사주는 누군가 고객이 있어야 한다. 나를 알아주는 이들이 있어야 성장한다. 나를 살리기 위한 삶의 경험을 충분히 준비하자. 어린 시절에는 무작정 나를 지원하는 부모님과 가족이 있지만, 사회는 냉정하다. 내가 가진 게 사회에 유익하지 않으면 소비자는 냉정하게 돌아선다. 나를 팔려면 나만의 상품을 만들어야 하고 예의를 지켜야 하고 나를 홍보해야 하며 소비자를 소중하게 대해야 한다는 사실을 깊이 깨닫는다.

교육 수준이 높을수록 사회적 관계망이 넓다

결국 지혜로운 이들은 기존의 사회망에 어떻게 접근해야 하는지 안다. 아무리 내가 잘났다고 해도 사회가 알아주지 않으면 소용없다. 어떤 이들은 타고나면서부터 자신의 재능으로 봉사하는 생활, 나보다 약한 이들을 돕는 생활이 몸에 배어 있어서 사회망을 넓힐 줄 안다. 나를 내어줌으로써, 내 서비스를 먼저 드림으로써 다가오게 만든 인맥이다. 인맥이 약하다면 어느 곳에서나 겸손하게 배우는 자세로 대한다면 사회관계망이 넓어질 수 있다.

책 『아비투스』에서는 사회적 관계에 대해 이렇게 말한다. '교육 수준이 높을수록, 소득수준이 높을수록 사회적 관계망이 넓고 중요해진다. 상류층은 사회적 명성으로 자신을 정의하므로 중산층보다 관계에 시간과 돈을 더 많이 투자한다.'

경제적 상황이 좋은 상류층들은 명예를 중시한다. 사회적인 인정을 받기 위해서 노력한다. **중산층이 경제적 자유를 얻기 위해 몸부림칠 때 상류층은 사회적 관계망을 넓히려 애쓴다.** 사람은 환경의 동물이며 어떤 사람들과 어떤 관계를 맺으며 살아가는지가 결국은 그 사람의 삶의 모습이다. **가까운 주변 사람들이, 환경이 그 사람을 만든다. 사람은 끼리끼리 놀기 때문이다.** 상류층의 사람들은 이미 최정상에 있으므로 개인적인 친분과 우정을 쌓는 일에 더 신경을 쓴다.

'○○대학교 CEO 최고급 경영자 과정', '○○대학원 원우 친교 활동', '○○워크샵' 이런 것들도 인맥 만들기가 목적이다. 이 모두 상위 클래스들의 친교 활동은 정보를 알아내고 요즈음 정계 및 재계의 최신 동향을 파악하는 데 그 목적이 있다. 모든 일의 성패는 정보에서 그 결과가 좌우되기 때문이다.

피드백이 나를 성장시킨다

체조 경기에서 선수들이 위로 도약하기 위해서는 구름판이 필요하다. 인간도 주어진 한계를 뛰어넘기 위해서 위로 향하는 사다리가 필요하다. 자신을 한 단계 위로 도약시키려면 안내자의 역할을 해줄 사람이 필요하다. **나에게 길을 제시해주거나 조언해주는 사람, 즉 멘토를 얻는 일이 매우 중요하다.** 어려서는 단계마다 목표를 제시해주는 부모님이, 성장 과정에서는 목표를 바라보게 해주시는 선생님이, 성장해서는 직장에서 나를 이끌어주는 선배가 꼭 필요하다.

행운은 이 세 만남에서 온다. 부모를 잘못 만났다면 선생을 잘 만나든가 상사를 잘 만나야 한다. **멘토의 피드백과 교정력이 멘티의 미래를 만드는 원동력이 되기 때문이다.** 자녀의 사회적 관계망을 만드는 데 중산층보다 상류층이 더 공을 들이는 이유이기도 하다. 모든 사교와 만남은 나를 이끌어주고 기회를 줄 누군가와 교류의 길을 트기 위해서다.

내가 도움을 줄 수 있어야 진짜 인맥이다

한국에 노벨상 수상자가 나오길 고대하며 역대 기부자 중 가장 많은 기부금 766억 원을 카이스트에 기부한 카이스트 발전재단 이수영 회장의 경우를 보자. 처음에 기자로 출발, 지금의 자산가가 되기까지의 과정을 보면 주위의 인맥이 고리 역할을 했다. 거부가 되는 첫 촉매는 대학교 친구이자 은행업에 종사하던 친구를 통한 정보였다. 그 정보로 인해 1988년 여의도 백화점 한 층을 인수했고 부동산 전문 기업을 창업했다. 이후 뛰어난 사업 수완을 발휘하여 현재의 자산을 일굴 수 있었다.

굴지의 대형 로펌 역시 각계의 전문가 집단을 자문위원으로 위촉하여 영향력을 확대, 재생산한다. 결국 인맥다지(人脈多知)다. 그렇다고 해서 무턱대고 사람을 많이 아는 게 중요한 게 아니다. 흔히 동호회나 취미 활동 같은 친교 활동으로 알게 된 인맥이 얼마나 도움이 될까? 보통 인맥이란 언젠가 내가 도움을 받기 위해 만든다고 생각한다. 실상은 내가 도움을 줄 수 없으면 그 인맥은 허탕이다. 유지되기도 어렵고 별로 도움이 안 된다. **내가 도움을 주어 깊은 마음의 관계를 만들어야 진짜 인맥이 된다. 그러자면 나는 무엇으로 그들에게 도움이 될까를 고민해야 한다.** 내가 잘하는 것 한 가지는 있어야 진짜 인맥을 만들 수 있다. 명함 수백 개를 가지려 애쓰기보다, 무엇을 주는 사람이 될지 먼저 고민해보라.

"나는 그분에게 무엇을 줄 수 있을까?"

"나는 무엇으로 세상에 1등급 봉사를 할 수 있을까?"

나를 이끌어주는 멘토를 만나야

모 방송국에서 진행한 '미스터 트롯' 대회에서 4위를 마크한 가수 김호중의 학창 시절은 괴로웠다. 어려운 가정 형편과 사춘기의 방황으로 인해 학업에 집중하지 못했기 때문이다. 그때 그에게 성악을 하라고 진로 설정을 해주고 용기를 부어준 선생님이 계신다. 그분의 도움으로 독일 유학을 가서 성악 공부를 했고, 또 '미스터 트롯' 대회에서 기회를 만나 대중가요 가수로도 선발되어 여러 무대에 서며 즐겁게 활동하고 있다. 2022년 6월에는 세계 3대 테너인 플라시도 도밍고와 부산 콜라보 공연을 열었는데 표가 2분 만에 매진되었다고 하니 그 인기를 가늠할 수 있다.

작년에 미국 시사주간지 타임지가 선정한 '가장 영향력 있는 10대 30인'에 뽑힌 인물이 있다. 나이지리아인 아버지와 한국인 어머니 사이에서 태어나 검은 피부의 색다른 외모로 사람들에게 냉소적인 시선을 받으며 자랐지만, 그는 현재 대한민국에서 가장 주목받는 셀럽 중 한 명이 되었다. 바로 모델 한현민이 그 주인공이다. 어린 시절 사람들의 냉소와 차별적 시선을 감내해야만 했던 그를 감싸 안아주었던 어머니의 말이 미래 예언이 되었던 걸까?

"너는 특별한 아이야, 너는 잘될 거야."

이 말을 입버릇처럼 하셨다는 그의 어머니의 말씀대로 그는 이제 길거리에서는 환호를, 런웨이 위에서는 주목받는 인물이 되었다. '핫'한 패션모델로서 무대뿐만 아니라 각종 굵직한 예능 방송의 러브콜을 받는 그는 '지금처럼 열심히 하면 앞으로 더 재미난 일들이 펼쳐지지 않을까요?'라는 말로 기대감을 드러냈다. 한현민의 인생 런웨이는 지금부터다. 한현민이 모델 활동에 관심을 가질 수 있었던 것 역시 **어머니의 긍정적인 기대와 더불어 모델로 활동하는 고등학교 선배를 보고 꿈을 키웠기 때문이었다.**

위로 도약하려면 관계를 만들어야 한다. 모든 행운과 선물을 가져다주는 것도 사람을 통해서다. **인맥을 만들려면 먼저 내가 줄 것이 있는 사람이 되어야 한다.**

출신 아비투스를 뛰어넘을 수 있을까?

우리나라에서 빈부 격차가 커지면서 은연중에 흙수저, 동수저, 은수저, 금수저, 다이아몬드수저라는 말이 생겼다. 요즈음은 '똥수저'라는 비하적인 표현도 있다. 이것은 재산으로 인간을 서열화하고 경쟁하고 비교하는 저급한 사고방식의 산물이다. **획일화된 경제 계급 마인드로 나누어 위로 상승하기 위해 노력하는 사람들이 있는 반면에, 다른 면에 의미를 두고 사는 사람들도 많다.** 예를 들어 가족과 돈독한 사랑을 주고받는 가정의 화목을 인생의 최우선 가치로 두는 이들이 있는가 하면, 또 어떤 이들은 아예 시골 생활을 즐기며 도시 사람들의 경쟁과 비교를 비웃는 이들도 있다.

태어나보니 흙수저이고 태어나보니 금수저인데 자기보다 못한 사람들을 경멸하고 무시하는 것이 옳은가? 태어나보니 3루에 서 있는데 자기가 노력해서 3루에 있는 줄 착각하고 사는 이들도 있다.

자연의 제비뽑기에 의하여 특권층이 되고 나서 '나만 좋으면 그만'이라든가 '그래서 어쩌라고'와 같은 태도는 뭘까? 하위 계층은 사다리를 타고 상위 계층으로 올라가기 위해 안간힘을 쓴다. '개천에 용 났다'는 말은 더 이상 존재하지 않는다는 말을 무시하고 어떻게든지 그 유리 천장을 뚫어보려 처절하게 노력한다. 하지만 기득권자들에 의해 사다리조차 걷어차일 때 경악한다. 누구나 도전 가능한 사법 고시 제도가 사라지고 엄청난 등록금의 로스쿨만 인정되면 가난한 서민들의 희망은 무참히 꺾인다.

출신 아비투스를 한 단계 올리는 방법

그렇다면 현실 속에서 출신 아비투스를 넘어갈 방법은 없는 것일까? 과거에는 개천에서 용이 나는 시대가 분명 있었다. 열심히 교과서를 충실하게 공부하여 서울대에 합격하거나 고시나 사시에 패스하는 경우다. 가난의 대물림을 끊는 사다리가 '교육'이던 시절이었다.

'현대판 음서 제도'라고까지 말하는 의학전문대학원이나 로스쿨의 경우도 자신만의 의지와 노력으로 되지 않는다. 한국경제신문에 의하면 서울대 로스쿨 합격자 93%가 스카이(SKY) 출신이다. 2022학년도 서울대 법학전문대학원(로스쿨) 합격자 중 서울대, 연세대, 고려대 출신 합격자가 93.4%에 달하는 것으로 나타났다. 로스쿨 합격자 중 저소득층이 차지하는 비율이 6년 새 30%나 급감했다. 학생들이 부담해야 하는 비용부담이 커져서다. 워낙 고가인 등록금도 문제다. 로스쿨 입시 및 변호사시험 경쟁률이 높아지고 시간적 금전적 부담이 함께 늘어났기 때문이다.

지난해 법학적성시험(LEET) 응시 인원은 역대 최대였다. 취업난으로 양질의 일자리가 감소하자 대학생들이 로스쿨 입시에 뛰어들었기 때문이다. 이에 따라 입학에 필요한 학점, LEET(법학적성시험), 스펙 등을 준비하기 위한 사교육 경쟁도 치열해지고 있다. 돈과 시간을 투자해 철저히 공부하지 않으면 합격하기 힘들뿐더러 성경을 뚫고 로스쿨에 입학한다 해도 좁아진 변호사시험의 문을 통과하기 위해 많은 비용과 시간을 투자해야 한다.

면접이 큰 비중을 차지하는 편입학과 의전원 전형에서 교수 자녀의 특혜는 구조적으로 발생할 수밖에 없다. 연세대 의대를 졸업하고 국내에서 의사로 일했던 해외 대학의 김모 교수가 자신의 페이스북에 '대학수학능력시험으로 입학한 경우보다 편입학·의전원 전형으로 입학한 학생에서 교수 자녀가 차지하는 비율이 3~4배 높다'라며 만약 교수 자녀가 아무런 혜택을 받지 않는다면 입학 경로와 상관없이 교수 자녀 비율이 비슷한 수준이어야 한다고 설명했다(한국경제신문).

몇몇 대기업에서는 노조의 요구로 장기 근속자의 자녀를 특별채용하거나 우선 채용하는 데 합의한 곳이 있다. 이와 같은 일은 여타 구직 희망자들과 채용 경쟁의 공정성을 무시한 처사다.

『가발공장에서 하버드까지』란 책을 펴낸 서진규 씨의 경우 앞의 예와는 다르게 타고난 흙수저를 본인의 노력으로 금수저로 바꾼 경우다. 그녀는 가발공장의 여공부터 식당 종업원 등 지독하게 가난한 생활의 연속에서도 희망의 끈을 놓지 않고 일주일에 한 번씩 영어 학원에서 공부했다. 그는 지난날을 돌아보며 말했다.

"태어날 때는 아무런 선택권이 없었지만, 태어난 후에는 어느 정도 선택의 자유가 있다는 것이죠. 죽을 각오로 무엇이든지 한번 해보자는 결심을 하니 용기와 희망의 힘이 생기더군요."

단돈 100달러를 들고 미국으로 건너가 많은 고생 가운데 미군 사관후보생 시험에 합격했고 새 출발을 하였다. 그는 여기에 그치지 않고 1990년 하버드 대학 석사 과정 시험에 합격한다. 현재 그는 국제외교사 동아시아 언어학에서 박사 과정을 밟고 있고 그의 딸 또한 같은 대학교에서 공부한다. 그는 말한다. **희망을 품고 도전하는 사람이 인생의 진정한 승자가 될 수 있다고.**

타고난 금수저가 그 위의 단계인 다이아몬드수저로 상승하는 경우는 없을까? 보통의 금수저들은 더 이상 돈을 벌 필요가 없으니 직장도 없이 백수로 살며 돈을 펑펑 쓰거나 방종한 생활을 한다. 이와 반대로 금수저의 재산을 100% 사회에 내놓은 가문이 있다.

구한말, 일제가 우리나라를 병합하자 나라 되찾는 운동의 일환으로 전 재산을 정리하여 만주에 신흥무관학교를 세운 이회영 일가다. 선조들이 수 대에 걸쳐 벼슬한 집안으로 의정부, 포천 일대가 다 그 집안 땅이었다고 한다. 심지어 아버지는 조선 말기 이조 판서였다. 엄청난 금수저지만 일본에 나라를 빼앗긴 위기에 팔을 걷어붙이고 독립운동에 한 가문의 모든 걸 바쳤다. 가장 먼저 나라를 되찾는 데 힘쓸 인재를 양성하기 위해 만주에 무관학교를 세웠다. 학비와 숙식비를 무료로 제공하며 독립군을 양성했으나, 모든 게 무료인 바람에 몇 년이 지나지 않아 돈이 떨어졌다. 금수저 가족들은 이제 먹을 게 없어 굶을 정도로 고생을 했다. 이 신흥무관학교 출신 생도들이 바로 청산리 전투에서 대승을 거두었던 독립군들이다.

사회를 위한 희생의 다이아몬드수저 가문

이회영 가문은 6형제가 의기투합하여 독립운동에 몸을 바치다 순국했고 광복이 되자 막내인 이시영 선생만이 살아 돌아와 초대 부통령으로 대한민국 정부에서 일했다. 6형제는 엄청난 부와 최고의 명예를 나라에 바쳐 노블레스 오블리주를 몸소 실천하였고 이로써 진정한 다이아몬드수저의 반열에 올라섰다. 이처럼 **다이아몬드수저는 나라와 사회를 위해, 많은 이들을 살리기 위해 일하는 존재들에게 주어지는 영광의 홀이다.**

일반인들이 한 단계 위 단계로 도약하기는 하늘의 별 따기다. 경

내 인생아 흥해라

제적으로 한 단계 올라가기 위해서도 피나는 노력이 필요하다. 부자가 되고 싶으면 그들이 사는 방식을 배우라는 말이 있다. 그들이 참석하는 세미나, 또 최고위 경영자 과정 등에 참여하여 관계를 맺고 그들의 생각의 방법을 배우라는 뜻일 것이다. 이 또한 상위 그룹으로 옮겨가기 위한 하나의 과정이다. 사실 상위 단계 사람들은 하위 단계 사람들이 위로 올라오는 것을 싫어한다. 자신들의 특권을 위협받지 않고 그대로 유지하고 싶어 한다. 신분의 희소성을 유지하고 특권을 누리려는 속셈이다.

조선시대 홍길동은 종모법(從母法)에 의해 아버지가 양반이었지만 어머니의 신분이 천하여 서얼로 천대를 받았다. 이것 또한 특권 계급의 이기적 욕망이 현실 제도에 반영이 된 것이다.

예외로 세종대왕이 귀하게 등용한 과학 천재 장영실은 능력 본위로 인재를 등용한 경우였다. 과거나 현재나 뛰어난 능력은 신분을 뛰어넘는 사다리가 된다. **불우한 환경과 운명을 원망하거나 서러워하지만 말고 자기의 능력을 배양해야 한다. 확실한 실력만이 상위 단계로 도약하는 지름길이다.** 사람은 빠른 성공보다는 자신이 어제보다 더 나은 사람이 됐다는 성장을 통해 더 큰 행복감을 느낀다고 한다.

아비투스의 단계를 높이기 위해서는 보다 높은 단계의 문화를 습득해야 한다. 그래야 부의 계단에 올라간다. **가장 좋은 방법으로 독서가 있다.** 나보다 단계가 높은 사람의 이야기를 책을 통해 듣는 것이다. 세계 100대 부자의 리스트를 살펴보면 태어날 때부터 금수저이기보다는 자수성가한 사람들이 더 많다. 부자가 되고, **최고의 명예를 얻은 사람들의 이야기에 귀를 기울여보라.** 거기 아비투스의 단계를 한 단계 높여줄 힌트가 있다.

내 인생아 흥해라

5장

문화 자본

비움(BIUM) 작가

화가, 시인, 일러스트레이터. 저서 『나는 비우며 살기로 했다』,
시집 『나도 옛날엔 그랬어』, 공저 『성공을 만드는 1%의 차이』와
그림동화 『하루살이의 내일과 메뚜기의 내년』이 있다.
월간 『자유마당』에 2년간 글을 연재했으며,
『한국문학예술』에 시를 연재하고 있다.
본서에서는 「문화 자본」을 집필했다.

인스타그램: bium_art

내면의 만족을 채워주는 최고의 가치, 문화

✶

문화란 '한 사회의 개인이나 인간 집단이 자연을 변화시켜온 물질적·정신적 과정의 산물'을 의미한다. 또는 '한 사회의 주요한 행동 양식이나 상징 구조'를 '문화'라고 정의하기도 한다.

쉽게 말해서 문화란 순수한 자연 이외에 인간이 변화시키고 발전시켜온 모든 것이라 보면 된다. 여기에는 문학과 예술을 포함하여 종교, 풍속, 예절, 정치, 경제, 법이나 제도 등 인간적인 모든 산물을 다 포함한다.

하지만 '문화를 즐긴다, 문화 활동을 한다'라고 말을 할 때는 이모든 인간적인 산물들을 다 포함하는 것은 아니다. 이때는 주로 연극, 영화, 음악, 미술, 문학, 학문 등의 지적·예술적·정신적 산물을 의미한다. 그러나 문화생활의 폭은 이보다 훨씬 넓다. 공연, 스포츠, 무용, 관람, 종교 활동, 여행, 등산에 이르기까지 다양하다. 세부적으로 들어가보면 더 구체적이다. 음악을 예로 들면 피아노,

바이올린, 첼로 등의 악기 배우기, 연주하기, 노래 부르기, 음악 듣기, 콘서트 가기, 작사·작곡하기 등 무수히 많다.

문화 자본은 의식주와는 다른, 한 차원 높은 수준에 있다. 그러기에 사람들은 문화생활과 문화 활동에 대하여 조금은 거리감을 두기도 한다.

의식주와 상관없는 문화 자본이 굳이 삶에 필요할까? 인간은 동물과는 다르게 먹고 사는 것만으로는 내면의 공허함, 지적 욕구, 즐거움의 욕구들을 채울 수가 없다. 본래 **인간은 정신적인 만족과 성숙, 성장을 추구하는 존재이기 때문이다. 문화는 인간의 미적, 지적, 정신적, 심지어 영적인 만족을 채워주는 최고의 가치라 해도 손색이 없을 것이다.**

사람들은 경제적으로 풍요로워지고 여유가 생기면 문화에 관심을 갖게 된다. 반대로 생활이 어렵고 사는 데 급급하면 문화생활이나 문화 활동과도 거리가 멀어지게 된다. 하루하루 생계를 유지하기도 어려운 상황에 누가 한량처럼 문화를 운운하며 살겠는가? 틀린 말도 아니다. 당장 먹고살기 힘든 사람들에게 문화생활을 들먹이는 일은 모순처럼 보인다. 하지만 감사하게도 요즘의 사회는 얼마간 생활이 어렵더라도 문화 자본을 갖기에 예전보다 훨씬 유리해졌다. 우리나라는 어릴 때부터 문화 활동에 접근하기 좋은 교육 시스템이 있다. 어린이집이나 유치원에서는 문화 프로그램을 모든 아이에게 동일하게 진행한다. 미술 활동을 하고 놀이를 하며,

음악을 하고 연극도 한다. 계획적으로 문화 체험 프로그램에 참여하기도 한다. 모든 아이는 일찍부터 문화적 혜택을 받을 수 있다. 음악이나 미술 학원 등을 다니지 않더라도 지역사회나 도서관 등에서 운영하는 여러 문화 프로그램들도 있다. 잘 찾아보면 의외로 무료이거나 저렴하게 문화 활동 수업에 참여할 기회가 많다. 저소득층에게는 문화누리 카드를 공급하여 문화생활에 필요한 비용을 지급하고 있다. 그러므로 '문화생활과 나와는 거리가 멀다'라고 생각하는 사람은 솔직히 말해 '문화에 관심이 없다'라고 고백하는 것과 같다.

문화 자본이 주는 혜택

문화 활동은 정신적인 욕구를 채워준다. 의식주로 해결할 수 없는 마음의 풍요를 누리게 한다. 예를 들어, 음악이나 미술을 좋아하는 사람이라면 아무런 욕망 없이 음악을 듣거나 그림을 그릴 때를 생각해보자. 조용히 감미로운 음악이 마음을 감쌀 때, 표현하고 싶은 것을 마음껏 그릴 때, 얼마나 행복하고 충만해지던가! 인생에서 이런 기분을 단 한 번도 느껴보지 못한 사람은 없을 것이다. 단지 잊어버렸을 뿐.

삶이 고단하고 힘들 때에도 문화 자본은 마음에 위로와 만족을

준다. 어릴 때부터 나는 그림 그리기와 노래 부르기, 음악을 좋아하고 독서를 즐겼다. 이러한 일에 특별히 돈이 많이 들거나 많은 노력을 해야 하거나 하지는 않았다. 물론 그림 그리기가 직업이 되었을 때는 조금 다른 상황이긴 했지만 말이다. 항상 풍요롭고 생활이 안정적이어서 문화 활동을 이어오지는 않았다. 삶이 가파른 절벽에 있을 때도 독서를 하고 음악을 들었고 그림을 그렸다. 문화 자본은 태어나서 지금까지 내 곁에서 함께 숨을 쉬고 위로가 되어주었다. 삶의 의욕과 만족, 더 높은 곳을 바라보고 나아가도록 힘을 주었다.

문화를 사랑하고 추구하며 문화 자본을 가진 사람들은 고상하고 지적이며 교양이 있다. 문화 자본을 가진 사람들은 타인이 갖지 않은 미적 감각이 있고 품위가 있다. 보통의 사람들보다 좀 더 높은 수준의 정신세계를 추구한다. 모두는 아닐지라도 많은 이들이 그렇다. 해서 『아비투스』의 도리스 메르틴은 인간의 품격을 높이는 자본 중의 하나로 문화 자본을 이야기했다.

그러나 '품격을 높이자'라는 목적 하나를 위해서 문화 활동을 하고 문화 자본을 만들어야겠다고 달려들어서는 안 된다. 금방 싫증이 날 것이며, 자신이 무엇을 원하는지 방향을 잃고 왜 그런 일을 하고 있는지 회의가 들 것이다. 문화 자본은 긴 시간 곁에 두고 인생길을 같이 가는 것이기에 그렇다. 자신이 좋아하지 않는 문화 활동을 아무거나 남이 하는 대로 따라 하다가는 오히려 고통이 된다.

문화, 좋아해야 누릴 수 있다

문화 자본을 추구하고 소유하기 위해서는 자신을 잘 들여다보아야 한다. 정말 자신이 좋아하는 활동이 무엇인지 찾아야 한다. 어떤 문화적 요소에 흥미를 느끼는지 신중하게 고려해야 한다. 이를 발견하기 위해 어릴 적 무엇을 했을 때 즐거움과 기쁨을 느꼈는지 더듬어보는 일도 도움이 된다. 어릴 때 좋아했던 일을 현재까지 좋아하리라는 보장은 없지만, 아무 이윤이나 목적이 없이 하면서 행복했던 일은 지금 해도 기쁨을 줄 확률이 높다.

직접 이것저것 경험해보는 일도 좋다. 일단 무엇이든 묻혀보는 것이다. 아이들이 어릴 때는 어디에 재능이 있고 무슨 일을 좋아하는지 발견하기 위해 다양한 활동을 시켜보지 않던가! 그런 것처럼 성인이 되어서도 다를 건 없다. 다양한 문화 체험과 활동에 자신을 투입해보는 것이다.

모든 문화 요소들을 다 즐기고 좋아할 수는 없다. 남이 하니 무작정 고상해 보인다고 따라 할 필요도 없다. 자신이 조금씩 무리 없이 해나갈 수 있는 활동, 정말로 좋아하는 활동을 천천히 찾아보고 경험해보며 발견하는 게 좋다. 문화 활동이 짐처럼 느껴지거나 부담스럽다면 즐기는 게 아니라 의무적으로 하고 있는 것이다. 그런 사람은 문화 활동을 함으로써 얻는 기쁨이나 행복을 추구하는 것이 아니라 더 큰 이득을 목적으로 하고 있기에 힘들다. 교양 있는 사람, 품위 있는 사람이 되기 위한 목적 같은 것 말이다. 수준 높은 사람이 되는 것을 목적으로 문화를 추구하리라 마음을 먹는다면 잘못 생각하고 있다. 자신이 **좋아하는 문화를 즐기고 사랑하고 누리고 있다면, 시간이 흐른 후 자연스럽게 수준 있는 사람이 된다.** 하나 당장 목적한 문화 활동을 하고 있다고 해서 곧바로 고상한 사람이 되는 것은 아니다. 허황하고 무거운 목적을 내려놓고 좋아하는 문화 활동 한 가지라도 즐겁게 누려보기를 바란다. 좋아해야 내가 원하는 수준에도 자연스럽게 도달할 수 있다.

김구 선생은 '가장 아름다운 나라의 요건은 부가 아니라 문화에 달려 있다'라고 하며 '문화의 힘은 우리 자신을 행복하게 하고 나아가 남에게 행복을 준다'라고 하였다. 나와 남을 행복하게 하는 문화, 문화를 즐기며 향유하기 위해서는 먼저 내가 좋아할 수 있는 문화를 경험하고 찾아보는 수고를 아끼지 말아야 하겠다.

다음의 내용에서는 주로 내가 즐기고 좋아하는 문학과 예술 활동 위주로 이야기를 하려 한다. 그러나 문화 활동은 단순히 문학이나 예술에만 국한되지 않음을 인지하기 바란다.

나는 평생 그림을 그린다

그림과 함께 걷다

나는 그림과는 떼려야 뗄 수 없는 관계에 있다. 초등학교에 들어
가기 전부터 그림을 그리며 놀았고 일상이 그림을 그리는 일과 하
나가 되어 있었다. '그림은 친구가 아닌 나 자신'이라고 말한다면 과
도한 표현일까? 그림을 빼놓고 나를 설명할 수 없으니 나와 그림은
하나라고 해도 맞을 것이다. 어릴 때의 꿈은 화가였지만, 시골에서
살았고 집안이 가난했기에 미술 학원이나 전공에 대한 꿈은 꾸어
보지 못했다. 학창 시절에는 항상 그림을 그리며 살았고 공부보다
그림 그리기에 더 열심이었다. 고등학교 졸업 후 『공포의 외인구단』
이라는 만화를 처음으로 접하고 충격을 받았다. '만화가 이렇게 감
동을 줄 수도 있구나!' 생각하고 곧바로 만화 학원에 다니기로 결
심하였다.

수료와 함께 당시 이름만 대면 알 만한 인기 만화가의 화실 문하생으로 들어가 그림을 배우고 일을 했다. 그림에 천부적 재능을 가졌다고 자부하고 살았던 나는 화실 생활에 꽤 만족했다. 실력을 인정받으며 어느 화실에 가든 환대를 받았다. 첫 화실 취업은 순정만화를 그리는 여성 작가의 화실이 아닌, 극화를 그리는 남성 작가의 화실이었다. 그랬기에 나의 그림에는 힘이 있었다. 유리한 점은 여성적인 특성도 있어서 어떤 장르를 그리든 소화가 가능하다는 장점이 있었다. 결혼 이후에는 여러 작가의 화실을 전전했고 오랫동안 만화, 일러스트를 그리는 프리랜서로서의 삶을 살았다.

30대 중반부터는 화가에의 꿈을 서서히 다시 꾸기 시작하였다. 일을 겸하여 하면서도 회화를 배우기 위해 문화센터와 미술 학원에 다녔다. 40대 초에는 컴퓨터 그래픽 자격증을 따고 취업하여 그래픽 디자이너로서의 삶도 한동안 살았다. 그 후 현직 화가가 운영하는 화실에 얼마 동안 다니게 되었다. 그녀가 화가였기에 화가로서의 삶을 조금씩 엿보며 미술계의 정보를 얻을 수 있었다. 그 영향으로 나도 자연스럽게 화가의 길을 걸어가게 되었다. 그리고 전문 지식을 습득하기 위해 대학과 대학원에 들어가 미술을 전공하였다.

한때는 직업인으로서 그림을 그린다는 일이 너무나 힘들어서 펜을 꺾어버린 적도 있었다. 빵을 위해 하루하루 그림을 그려내는 삶이 괴롭기 그지없었다. 그림에 대한 회의가 들었다. 그러나 그 시간도 그리 길지는 않았다. 얼마 지나지 않아 다시 그림을 그리고자 주섬주섬 그림 도구들을 집어 드는 나를 발견하였다. 어디를 가든 무엇을 하든 그림이 한 조각만 눈에 보여도 그리로 끌려가고, 길을 가다가도 그림이 있으면 유심히 들여다보며, 도서관에 가면 제일 먼저 미술 서적을 뒤적이고 있었다. 전시회를 가고 갤러리를 가면 몇 시간씩 그 자리에 머물러 있는 사람, 나는 그렇게 그림을 사랑하는 사람이었다. 무작정 그림이 좋아서 그리기에 몰두했던 어린 시절과 직업인으로서 그림을 대했던 시간, 화가로서 그림을 바라보며 지나는 지금의 시간, 모두가 나여서 먹먹하다.

나의 그림, 나의 사랑, 평생을 한 몸으로 같이 갈 동반자다. 그림이 내 인생에 있어 줘서 고맙다. 괴로울 때도 즐거울 때도 한결같이 곁을 지켜줘서 감사하고 행복하다.

편하게 즐기는 드로잉, 어떻게 할까?

나는 기획적으로 작품을 제작하기도 하지만, 때로는 목적 없이 그림을 그리기도 한다. 그림 그리기가 직업이었을 때 처절하리만큼 힘들고 괴로운 시간을 견디며 그림을 그린 적이 많았다. 이제는 조금 나를 제약 없이 풀어주는 걸 허용한다. 물감을 이용한 즉흥적인 그림을 그리기도 하고 드로잉을 편하게 하기도 한다. 특히 드로잉은 무척 좋아하는 장르다.

연필이나 콩테, 목탄을 이용한 드로잉부터 붓으로 쓱쓱 자유롭게 그리는 드로잉, 손가락을 이용하여 찍고 바르는 드로잉, 나뭇가지나 털실 등으로 엮어 만든 개성 넘치는 도구를 이용한 드로잉 등 **드로잉에는 소재나 도구에 제한이 없다. 드로잉은 밑그림이나 스케치가 아닌 엄연히 미술의 한 장르로서 존재한다. 선 하나를 그려도 드로잉이며 물감 한 자국을 찍어도 드로잉이다.** 이처럼 드로잉은 누구나 쉽게 접근하고 그려볼 수 있는 좋은 장르다.

큰 종이에 드로잉을 대담하게 시도해보자. 마음이 시원해지고 가슴이 뻥 뚫리는 기분이 들 것이다. **색이 있어도 좋고 없어도 좋다. 연필 하나만 써도 된다. 사진이나 자료를 보고 그려도 된다. 사물이나 인물을 자신의 시각으로 규칙 없이 그려도 되고 상상하는 것을 그려도 된다. 구상화도 좋고 추상화도 좋다. 제약이 없으니 마음이 가볍다.** 작은 드로잉 북을 가지고 다니며 보이는 것, 느끼는 것 등 언제 어디서나 드로잉을 해보는 재미도 쏠쏠하다. 많은 도구를 챙겨서 다닐 필요 없이 볼펜이나 연필 한 자루, 혹은 색연필 몇 자루만 있어도 멋진 그림을 얼마든지 그릴 수 있다. 혹 그릴 종이나 도구가 없을 때는 즉흥적으로 주변에 있는 것들을 이용해도 개성 넘치는 작품이 된다. 포장지, 자투리 종이, 메모지, 포스트잇, 티슈 등이다. 요즘은 종이가 없어서 그림을 못 그리는 시대가 아니지 않은가?

디지털 기기를 이용한 그림 그리기도 좋다. 아이패드나 갤럭시

탭 혹은 스마트폰의 그래픽 프로그램을 이용하면 언제 어디서든 종이와 연필 없이도 그리고 저장하고 편집할 수 있어 무척 편리하다.

삶이 무료하고 힘들 때 편하게 그리는 드로잉 한 장은 생활에 힐링이 될 것이다. 내가 아는 지인 중에 그림 그리기를 무척 좋아하는 사람이 있다. 그녀는 객관적으로 그림을 잘 그리는 편은 아니다. 단지 그리는 일을 좋아하고 즐긴다. 거의 매일 드로잉을 하는데 마당에 돋아난 식물 한 가지, 즐겨 입는 옷 하나, 과일 한 쪽 등을 그려서 보여주곤 한다. 잘 그려서가 아니라 개성이 있다. 잘 그리는 그림은 어디서나 볼 수 있지만, 개성 있는 그 그림은 그녀밖에 그릴 수 없으므로 매력 있고 가치가 있다. 그래서 나는 늘 칭찬을 해주곤 한다. 진심으로 말이다. 그림을 그리는 그녀의 행복한 표정, 나도 부러울 때가 있다. 그녀는 진정으로 문화예술을 향유하는 사람이다.

그림 그리기에 쉽게 접근하는 방법

미래의 직업군 중 없어지지 않을 직종 중 하나가 '화가'라고 한다. 화가가 아니더라도 미술 관련 직종들은 대체로 증발하지 않을 것이다. 미래에는 기계, 로봇이 대신할 수 없는 영역의 인재들이 각광받는 세상이 될 테니 말이다. 물론 요즘은 AI가 그림을 그려내는 세상이긴 하지만 그것을 가치 있는 작품으로 인정하지는 않는다.

직업 얘기를 했지만 화가나 미술 관련 직업인이 아니더라도 문화 생활을 하는 데 미술 활동은 누구에게나 긍정적인 영향을 준다. 미술 활동은 인간으로 하여금 창의력을 발산하게 하고 에너지를 솟아나게 한다. 마음을 행복하게 하거나 심지어 심리치료에까지 도움이 된다.

그림 그리기를 잃어버린 사람들

어릴 때는 누구나 미술을 쉽게 접하고 자신도 모르게 미술 활동을 하고는 했다. 연필 한 자루 쥐여주면 종이마다 자기만 아는 그림들로 온통 뒤덮었다거나, 벽이나 방바닥에 크레파스로 마음껏 칠하며 창작 활동을 하기도 했다. 이런 활동들은 글을 알기도 전부터 시작하는데, 이는 인간이 본래 누구나 미술 활동을 좋아한다는 것을 방증한다. 표현하고픈 욕구, 문화 활동에 대한 갈망 말이다.

나이가 들고 인지력이 성장하면서 사람들은 미술과 거리를 두게 된다. 왜 그럴까? 원인을 따져보면 타인과의 비교가 가장 큰 이유가 될 것이다. 요즘 아이들의 경우 학교와 학원 생활로 바쁘다는 핑계를 댈 수도 있다. 그러나 예전에 사교육이 판을 치지 않던 시절에도 이런 현상은 동일했다. 아이들은 성장함에 따라 자신이 그린 그림과 친구가 그린 그림을 비교한다. 사물이나 인물을 나보다 더 실물에 가깝게 잘 표현하는 친구를 보고 자기 그림이 부끄러워진다. 가뜩이나 주눅 들어 있는데 누군가가 "에이, 그림이 이상해. 안 닮았어. 진짜 못 그린다." 이런 말을 하면 그때부터는 진짜로 그림 그리기가 싫어진다. 점점 미술에 대한 흥미가 사라지고 그리기를 더 이상 시도하지 않는다. 그리지 않는 시기가 길어지다 보니 자신은 그림을 못 그리는 사람이라 스스로 낙인을 찍는다. 자신은 원래 그림에 소질 없는 사람이며 미술을 좋아하지 않는다고 자연스럽게 어디서나 말하곤 한다. 마치 어려서부터 당연히 그랬던 것처럼 믿어버리면서.

이런 사람들에게 문화생활의 일환으로 그림 그리기를 추천하면 정색을 하며 손사래를 친다. '그림을 못 그리니 그런 건 할 수 없다'라고 말한다. 하지만 곰곰이 생각해보자. 그림을 잘 그린다는 기준이 무엇일까? 그리스·로마, 르네상스 시대처럼 비례와 균형, 원근이 정확한 그림이 잘 그리는 그림의 표준일까? 석고상 소묘를 완벽하게 해야 그림을 잘 그리는 사람일까? 사물과 인체를 똑같이 표현해야만 잘 그리는 그림이 되는 것일까? 물론 이런 것을 부인하지는 않는다. 객관적으로 누구나 인정할 수 있는 수준과 실력, 기술이라는 건 있다. **그러나 '잘'이라는 관점은 단순히 사물을 잘 묘사하는 데에만 있지는 않다. 만약 똑같이 묘사하는 것만이 잘 그리는 그림이라면, 피카소나 마티스, 앤디 워홀, 베이컨 등 무수한 현대 미술 거장들의 작품을 도대체 어떻게 평가해야 하는가?**

그림 그리기에 쉽게 다가가는 법

인상주의 시대 이후 정확한 인체 표현, 사진과 같은 묘사는 그리 중요하지 않게 됐다. 1839년 사진기가 발명되면서 화가들은 사진과 똑같이 그리는 그림에 대해 서서히 회의를 갖기 시작했다. 실물처럼 그려내기 위해 발버둥 치기보다는 사진이 할 수 없는 다른 것을 표현하고 싶어진 것이다. 그래서 19세기 후반에 인상주의 미술이 등장했고 이후 입체주의, 미래주의, 표현주의, 다다이즘, 초현실주의, 모더니즘 미술 등 미술 세계는 급속하게 변화·발전하게 되었다. 1960년경 포스트모더니즘 이후 미술은 작가가 정의하는 게 미술이요, 작품이 되었다. 아니, 이는 이미 1917년 마르셀 뒤샹이 남자 소변기에 '샘'이라 명명하고 서명을 하여 전시장에 들고 나온 그때부터 태동되었다.

미술관이나 갤러리에서 현대미술을 접하고는 도대체 뭘 그린 건지 아리송했던 경험이 있는가? 이를 경험한 이들은 '현대미술은 너무 어렵다'라고 생각한다. **하지만 이는 이 시대를 살며 문화를 배우고 즐기고자 하는 이들에게는 아주 좋은 본보기가 된다. 생각하기 나름이겠지만 형태와 묘사에 자신 없는 사람들이 그림 그리기에 쉽게 접근할 계기로도 볼 수 있지 않겠는가?** 이렇게 말하면 실제 작가들이 화를 낼 수도 있겠지만 말이다.

요즘은 순수미술뿐 아니라 일러스트에도 자기만의 그림, 유아적인 그림, 엉성하지만 개성 있는 그림들이 넘쳐난다. 규칙 없고 어눌한 그림들이 훨씬 매력 있게 다가온다. '그림 나도 그려볼 수 있겠다'라는 생각이 들지 않는가? 그렇다. 그냥 내가 그리고 싶은 것을 엉성하게 그리면 된다. 형태가 드러나지 않아도 된다. 어릴 때 벽에 자유롭게 낙서처럼 그리던 그림을 생각해보라. 어떤 규율도, 제

재도 없이 마음껏 상상하는 바를 그렸다. **선으로만 그려도 되고 물감으로 온통 덮어씌워도 된다. 붓으로 그려도 되고 손가락으로 그려도 되며, 막대기나 다른 사물로 그려도 된다. 종이나 헝겊을 더덕더덕 붙여도 되고 심지어 캔버스를 찢어도 된다. 어떤 제약이나 규칙도 적용할 필요가 없다.**

오랫동안 그림 그리기를 잊어버렸던 사람들은 하얀 종이나 캔버스를 보면 겁을 먹는다. '도대체 무엇을 어떻게, 어디서부터 그려야 하는가?' 하고 말이다. 마음에서부터 스스로 '그림은 어떠해야 한다'라는 고정관념을 가지고 있기 때문이다. 이를 내려놓자. **'그림을 잘 그려야 한다'라는 마음속 무거운 짐을 내려놓고 그냥 '나는 아이다. 아무것도 알지 못하는 순수함만 있는 어린아이다'라고 자신을 바라본다. 마음 가는 대로 긋고 칠하고 표현하고픈 것을 주저 없이 그린다. 형태는 어그러져도 되고 비례나 시점은 아무래도 상관이 없다.** 그렇게 그리다 보면 오랜 시간 마음에 덮여 있던 미술에 대한 두려움의 장애물이 걷히기 시작한다. 비로소 그림 그리기에 쉽게 다가가게 되고 미술을 편히 대하게 된다.

화가가 되는 게 꿈이 아니지 않은가? 그림 관련 직업을 갖는 게 목적이 아니지 않은가? 그러니 편하게 미술을 대하고 그림 그리기를 시도하면 된다. 미술 활동을 통하여 표현하고픈 욕구를 마음껏 발산하고, 그림 그리기를 만끽해보길 바란다. **그림으로 표현함으로써 마음에 쌓인 응어리도 털어버릴 수 있고 스트레스도 날려버리는 체험을 하게 될 것이다.**

시를 쓰고 싶나요?

살면서 누구나 시 한 편쯤은 써보았을 것이다. 흔히 '사랑을 하면 모두가 시인이 된다'라고 한다. 사랑할 때는 세상이 환상 속의 파라다이스처럼 아름답다. 멋지고 사랑스러운 그 또는 그녀의 모든 것을 칭송하며 노래하고 싶으므로 사람들은 사랑할 때 무엇으로든 그 사랑의 증거를 남기고 싶어 한다. 줄곧 유행가를 흥얼거린 다든지, 평생 안 쓰던 일기 비슷한 것을 블로그나 노트에 쓴다든지, SNS에 사랑의 감정을 언어로 남겨두기도 한다. 사랑하는 사람과 함께한 사진이나 애인의 멋진 모습을 공유한다.

특히 시는 짧게 남길 수 있는 글 형식이라서 자주 애용된다. 사랑할 때는 시인뿐만 아니라 일반인들도 시 쓰기를 즐긴다. 일반 사람들의 시는 어설프기도 하고 감정의 폭포수를 시어에 들이부어 시 밖으로 감정이 넘치기도 한다. 어쨌든 이들은 시라는 창구를 통해 사랑의 언어를 발산하는 것이다.

내가 시인으로 정식 등단하게 된 것은 2019년 초이다. '한국문학예술'에 응모하여 신인상을 받고 이후 연재 제의를 받아 지금까지 등단지를 통해 시를 연재하고 있다. 전공과목 이외에 좋아했던 공부가 문예창작과의 과목들이었다. 그래서 부전공으로 공부하기도 했다. 처음 '시'라는 분야를 정식으로 배웠을 때의 충격을 잊지 못한다. 배우기 전까지 꽤 자주 시를 끼적여왔다. 하지만 마음 가는 대로 시를 써왔기에 시라고 할 수 없는 짧은 글 수준이었다. 시에 대해 고민을 하지 않았고, 연을 나누어 짧게 쓰면 시가 되는 줄 알았다. 그저 읽기 좋고 문장이 아름다우면 잘 쓴 시라고 착각하고 여기저기 SNS에 올려두기도 했다. 지금 생각하면 얼굴이 붉어지도록 부끄럽지만, 모르면 용감하다고 그때는 참 용기백배했었다.

시를 공부하고 자신감이 생겨 공모전에 시 5편을 응모했다. 신기하게도 첫 도전에 성공하였다. '거기다 시를 잘 쓴다'라는 한국문학예술 회장님의 칭찬과 함께 연재 요청까지 받게 되었으니 꿩 먹고 알 먹은 행로였다. 덕분에 수년을 꾸준히 시를 놓지 않고 써왔고, 작품을 한 편씩 성실하게 모을 수 있었다.

글로 그림을 그리라

시는 사실 어렵다. 모를 때는 시처럼 쉬운 게 없지만 진면목을 알고 나면 손을 대기가 힘든 게 시다. 시를 배우고 나면 오히려 한동안 시가 안 써진다는 시인들도 많다.

'시는 글로 그리는 그림이다'라고 가장 먼저 인지하면 좋을 것이다. 시는 문학이기도 하지만 예술에 가깝다. 그림을 그리듯이 시를 쓴다는 건 어떤 뜻일까? 시 하나를 가지고 예를 들어보자.

> 서녘 하늘
> 구름의 살갗이 붉디붉어질 때
> 늙은 바람이 기와집 낡은 문간을 만지고 지나간다
> 그늘진 방구석 귀퉁이에
> 아이 혼자 우두커니
>
> 창밖 누런 산 갈대 바람에 부대껴 휘어진다

- 비움, 「외로운 날」 전문

이 시를 읽으면 어떤가? 자연스럽게 풍경이 그려지지 않는가? 노을 드는 해 질 녘의 모습을 구체적으로 '구름의 살갗이 붉디붉어진다'라고 표현하였다. 바람이 집안을 돌고 나가는 모습을 '늙은 바람이 기와집 낡은 문간을 만지고 지나간다'라고 표현하였다. 눈에 보이고 만져질 듯한 풍경이다. 저물녘의 호젓한 풍경 속, 아이 혼자 우두커니 그늘진 방구석에 앉아 있는 모습이 참 외롭게 그려지

내 인생아 흥해라

않는가? 이것이 '글로 그리는 그림'이라는 말의 의미다. '외로움'이란 단어를 사용하지 않았지만, 충분히 외로움이 전해져 오는 시다. 이렇게 시는 직접적으로 '외롭다, 슬프다'라고 하기보다는 외로운 모습, 슬픈 표정을 상세히 구체적으로 그림처럼 그려주는 것이다.

물론 모든 시가 이와 같지는 않다. 관념적인 시도 있고 이야기식의 시도 있으며, 시인지 산문인지 헷갈리는 형식의 시 등 다양하다. 하지만 처음 시를 써보는 사람일수록 눈으로 보듯, 촉감이 느껴지듯 오감으로 감각할 수 있도록 시를 써보는 게 좋다. 구체적인 낱말로 시를 그려보는 것이다. 이러한 연습을 많이 하면 시가 점점 손에 잡힐 듯 다가온다.

시 쓰기의 장점

시를 씀으로써 좋은 점은 상상력이 발동한다는 점이다. 시는 식상한 단어나 구절을 지양하고 낯섦을 추구하기 때문에, 늘 써오던 단어나 표현도 다시 생각하게 한다. 같은 단어라도 어떻게 달리 표현할지, 어떻게 구체적으로 형상화하여 그려볼지를 새로운 시각으로 바라보며 연구한다.

시를 쓰는 사람은 모든 사물이나 사람, 세상 만물을 깊이 관찰하게 된다. 관찰력이 없으면 좋은 시를 쓰기가 어렵다. 구체성을 이야기했지만, 구체적으로 쓰기 위해서는 무엇이든 자세히 살펴보는 관찰력이 필수다. 어떤 시인은 '가만히 들여다보면 모든 게 시가 된다'라고도 말하였다.

시를 쓰면 마음이 정화된다. 시는 드러내서 감정을 폭발하고 분출하지 않기 때문에 스스로의 감정을 자제하고 다독인다. '감정을 억제하는 게 좋은가요?'라고 질문할 수도 있다. 시는 감정의 억제가 아니라 승화에 가깝다. 시를 단번에 휘갈겨서 발표하는 시인은 드물다. 그러므로 들끓는 마음으로 시를 적었다가도 다듬어가면서 점점 차분해진다. 사실이나 현상을 객관적으로 바라보고, 반성과 성찰을 통해 마음이 정화된다.

시는 나를 위해 쓴다

오봉옥 시인은 **'유명해지기 위해 시를 쓰지 말고 자기 자신을 위해 시를 쓰라'**라고 했다. 시인이 되고 명예를 얻기 위해 욕심을 부리면 억지스러운 시가 나올 수 있다. 특히 현대시의 경우 난해한 점이 많으므로 더욱 시가 미궁으로 빠지는 참사가 생길 수 있다. 멋지고 독특한 시를 쓰기 위해 시인 자신도 이해가 가지 않는 낱말이나 비유를 써서 문장을 꼬는 경우가 생긴다. 뒤틀린 문장과 이해 불가의 시행들을 보며 독자는 멀리 도망가버리고 만다. 난해함

내 인생아 흥해라

이 필요할 때가 있고 비유가 꼭 필요한 경우가 있다. 그러나 모든 시를 그렇게 쓴다면 시인 자신만을 만족시키는 외로운 시가 될 것이다.

시를 쓰고자 하는 사람은 이를 명심하고, 먼저 욕심을 비우고 시를 쓰는 게 좋다. **자신을 위로하고 시를 통해 행복해지기 위해 시를 쓰도록 하자.** 사랑이 올 때, 슬플 때, 고통스러울 때, 마음이 아플 때, 행복할 때, 기쁠 때 등 얼마나 시 쓰기 좋은 시기인가? 이처럼 시는 자신의 발자취를 남겨둘 수 있는 멋지고 아름다운 도구다.

'시를 쓰는 건 힘들지만 읽고는 싶다'라는 이들도 있다. 그러나 시는 소설이나 에세이처럼 쉽게 읽히지 않기 때문에 선뜻 다가가지 못한다. 시가 읽고 싶지만 '어려워서 못 읽겠다. 재미없다'라고 한다면 먼저 **대중적인 시들을 많이 읽어보라**고 권하고 싶다. 편하게 읽히는 시, 서정을 담은 시, 이해가 쉬운 시 등 도서관에 가서 시문학 코너를 살펴보면 그런 시집들이 꽤 많다. 요즘은 SNS를 통해 공유하고 발표한 시들도 많이 등장한다. 이러한 시들은 재미도 있으면서 비교적 짧고 쉬우므로 누구나 시에 관심을 가질 수 있는 통로가 된다. 처음에는 그렇게 무리하지 않고 시에 다가가고, 조금씩 시와 친해지면 서서히 수준을 높여가는 것도 시를 가까이할 수 있는 좋은 방법이다.

성장과 성숙을 이루는 독서와 글쓰기

자기 계발서를 꼭 읽어야 하는 이유

'독서하라'라는 말을 하도 들어서 지긋지긋할 수 있겠다. 그럼에도 불구하고 나는 이번 장에서 문화 활동의 일환으로서 독서에 대하여 언급하고 싶다. 문화생활, 문화 활동을 하면서 사람은 점점 더 지적·정신적으로 성장할 수 있다. 사람은 끊임없이 성장하고픈 존재라고 앞서 말했다. **그 성장에 이바지하는 핵심적인 분야가 바로 독서임을 강조하고 싶다.**

내 인생을 변화시킨 가장 큰 것 중 한 가지는 바로 독서다. 어려서도 책 읽기를 좋아했지만 서른 살 무렵부터는 시간만 나면 독서에 빠져 살았다. 일찍 결혼하여 아이 셋을 두었으나 전 남편의 술 중독과 가정폭력으로 피폐한 삶을 살고 있었다. 만약 책이 없었다면 나와 세 아이의 인생이 어찌 되었을지 상상하기조차 어렵다. 그

때 나를 일으켜준 책들은 론다 번의 『시크릿』, 나폴레온 힐의 『생각하라 부자가 되어라』, 카네기의 『인간관계론』, 래리 킹의 『대화의 법칙』, 사카토 켄지의 『메모의 기술』, 공병호의 『자기경영노트』, 스티븐 코비의 『성공하는 사람들의 7가지 습관』 등 열거할 수 없을 만큼 많다. 이때는 주로 자기 계발서 위주의 독서를 하였다. 먼저는 내가 살아야 하고 나에게 힘을 줄 수 있는 책들이 필요했기 때문이다. 어떤 이들은 '자기 계발서의 지시·명령조 언어가 싫다'라고도 하지만 나는 지금도 그렇듯 힘 있게 쓰인 책들이 좋다. 마음이 힘들 때에는 위로와 명상 같은 따뜻한 책도 좋지만, 단연코 더 필요한 책이 자기 계발서라고 믿는다.

자기 계발서에는 읽다 보면 에너지를 얻고 위기와 곤경, 낙심, 고통, 슬픔, 어려움, 우울함에서 벗어나도록 하는 놀라운 힘이 있다. 성공한 이들의 정신과 자세를 본받아 그렇게 살도록 자신을 일으켜 세우기 때문이다. 자기 계발서를 한두 권 읽고 '그렇게 안 되더라' 할 것이 아니라 꾸준히 읽고 또 읽으며 삶에 적용해가는 것이다. 나는 실제로 『시크릿』이나 『생각하라 부자가 되어라』, 『부의 법칙』, 『카네기 지도론』 등 수많은 책을 옆에 두고 밑줄을 그으며 수십 번씩 읽었다. 마음을 추스르고 일어서고 싶을 때마다 수시로 꺼내서 읽으며 습관과 정신, 삶의 자세를 만들어갔다. 이런 책들은 아예 마음 깊숙이 새겨져버렸다. 그래서 나는 절망과 비탄, 수렁에 빠진 나의 인생을 구해냈다.

요즘은 가벼운 책, 재미있는 책, 짧은 책이 대세여서 에세이와 같이 대중의 마음을 자극하지 않고 달래주는 책, 조용히 타이르는 책이 인기가 있다. 하지만 정말로 사람을 크게 성장·발전시키는 책은 힘이 있는 자기 계발서다. 나보다 잘나고 성공한 사람들이 하는 말이 듣기 싫으면 어쩔 수 없지만 가라앉은 정신, 나약한 마음, 나태한 습관 등을 바로잡고 인생을 똑바로 세울 생각이라면 자기 계발서를 항상 곁에 두고 읽기를 바란다. 성공한 이들의 에너지를 흡수하여 자기 것으로 만들고, 먼저 걸어간 이들이 알려주는 길로 덜 실패하며 가기를 바라는 마음이다.

지금 나는 여러 가지 책들을 다방면으로 읽기를 즐긴다. 인문학, 철학, 미술, 사진, 요리, 교육, 문학 등 폭넓게 독서를 한다. 편식 없는 독서는 지식과 지혜, 교양, 성숙함에 이르게 하는 훌륭한 문화 자본이 된다.

자기 계발서를 터부시하고 흥미 있는 책들만 주야장천 읽는 사람들도 많다. **하지만 나는 자기 계발서를 먼저 읽어 스스로를 강하게 하고 의지를 세우며, 정신을 바로 세운 후 여러 책을 읽기를 권한다. 아니면 병행하는 방법도 좋다. 왜냐하면 정신이나 마음이 굳건하고 올바르지 않은 상태에서 소설이나 심리학, 미스터리, 판타지, 철학서 등을 많이 읽게 되면 정신에 혼돈이 올 수도 있기 때문이다.**

우리나라 개화기의 여류 작가 중 천재적인 한 사람이 있다. 그녀는 문학에 미쳐 있었다는 생각이 들 정도로 책을 많이 읽었고, 해외로 유학하였으며, 교수로 재직했고, 멋지고 매력 있는 글을 썼다. 그러나 젊은 나이에 생을 스스로 마감했다. 그녀를 아는 지인은 이런 말을 했다. '문학과 지성이 천재적이었지만 그녀의 눈에는 광기가 가득했다'라고. 모두가 그렇게 극단적으로 되지는 않지만, 정신이 나약한 이들은 충분히 그럴 가능성이 있다. 자신의 마음 상태를 잘 점검하고 독서의 순서와 균형을 정했으면 한다. 어려서부터 다양한 분야의 독서 경험을 쌓아 성숙하고 단단한 마음을 가진 사람이라면, 어떤 순서나 형태로 독서를 해도 상관없을 것이다. 이들은 어릴 때 이미 위인전기를 필두로 자연, 과학, 인문, 도덕 등 정신과 마음을 살찌우고 삶에 조화를 이룰 수 있는 독서를 다양하게 해왔기 때문이다.

치유와 성장을 이루는 글쓰기

어려서부터 나는 글을 잘 쓴다는 말을 들었고, 학창 시절에는 글짓기 상을 종종 받기도 했다. 펜팔 친구들은 내가 보낸 편지를 베끼고 인용하여 다른 친구에게 보내기도 했다. 글을 써주면 시를 읽는 것 같다는 말을 듣기도 했고, 글이 조리 있고 잘 읽힌다는 말을 자주 들었다. 그러나 그림이 천직이라 생각하고 살았기에 책을 쓸 생각을 하지 못했다. 2019년 『나는 비우며 살기로 했다』를 쓰게 되면서, 이후 잡지와 문학지에 글과 시를 실었고 계속해서 작가 활동을 하게 되었다.

글은 마음을 차분하게 하고, 자신을 돌아보게 하며, 스스로를 다잡게 만든다. 슬픔이나 아픔도 글로 쓰고 나면 한결 감정이 순화된다. 오래전부터 블로그에 일기나 시, 에세이 등을 자주 썼다. 비공개로 하여 나만 보는 것이어서 누가 볼까 염려하지 않아도 되니 좋았다. 누군가와 다투어서 화가 나거나 속상하면 글을 쓴다. 마음속 온갖 찌꺼기들이 올라오는 것을 그냥 다듬지 않고 쓴다. 글로 풀고 나면 마음이 가라앉는다. 아무에게도 보여주지 않고 누구에게 보내는 글도 아니지만, 종이나 블로그에 적는 일은 누군가에게 나의 속상한 마음을 토로하는 것이라는 느낌이 든다. 말하고 나면 후련하지 않던가? 타인에게 여과 없이 화난 감정을 날것으로 드러내면 피차 큰 상처를 입는다. **노트나 블로그, 디지털 메모장 같은 도구를 활용하여 마음을 토로하면 아무도 상처받지 않는다. 차분함과 치유를 경험하고 용서하는 마음을 갖게 된다. 함부로 성급히 말하지 않는 절제력도 길러진다. 글쓰기는 사람을 성숙하게 만든다.**

함께 쓰는 글쓰기의 장점

글쓰기 모임이나 동호회 활동을 해보면 좋다. 글 쓰는 사람들이 함께하므로 생각이나 마음을 나눌 수 있으며 서로의 글에 자극을 받는다. 글의 성장은 물론, 자신을 드러내는 데 용기가 생긴다. 혼자서 글을 쓰다 보면 부끄럽다고 생각하는 일들은 숨기게 되고 포장하며 잘 쓰지 않게 된다. 함께 쓰면 서로를 내보이기에 두려워하지 않게 되고 내적 자신감이 생긴다. 자신을 진지하게 돌아보고 진정성 있는 글을 쓸 수 있게 된다.

나도 '다음 브런치'에 에세이를 쓰면서 아프고 부끄러운 과거를 말할 수 있게 되었다. 브런치는 타 플랫폼과는 달리 글쓰기에 전문화되어 있다. 오로지 글에만 집중할 수 있어서 사람들은 차분하게 자신의 삶과 생각을 성찰하는 글을 많이 쓴다. 진솔하고 진정성 있는 글들을 자주 마주한다. 다른 이들의 글을 읽으며 배우기도 하고 어려움과 고통, 치부까지도 드러내는 사람들의 용기에 힘을 얻는다.

독서와 글쓰기를 통한 문화 활동은 누구나 많은 돈 들이지 않고 쉽게 할 수 있다. 요즘은 공공도서관이 잘돼 있어서 책을 매번 살 필요도 없다. 도서관이 멀다면 주변 동사무소나 작은 도서관들도 있으니 잘 찾아보면 책을 읽을 수 있는 창구는 많다. **글쓰기는 혼자서 해도 좋고, 모임이나 동아리를 이용해도 좋다.**

글쓰기 모임이 주변에 없으면 스스로 마음 맞는 몇 사람, 혹은 두 사람만으로 만들어도 된다. 마음이 문제지, 사람이 없어서 못 하겠는가? 적은 투자로 삶과 정신에 큰 성장을 이루는 독서, 사람을 성숙하게 하고 안정된 사람으로 만들어가는 글쓰기, 요란하지 않게 시도하고 즐길 수 있는 멋진 문화 활동이 될 것이다.

내 인생아 흥해라

관련 지식은 흥미와 관심을 고조시킨다

＊

문화생활을 하려고 마음먹고 갤러리나 미술관에 가는 사람들이 있다. 그런데 막상 전시된 작품들을 보고는 흥미가 팍 떨어지는 경우가 생긴다. 도대체 무슨 그림인지, 뭘 말하려는 작품인지 이해가 안 되어 급 피곤해지거나 머리가 아파 대충 빠른 걸음으로 훑어보고 휙 나오는 일이 생긴다. 특히 현대미술은 종잡을 수가 없고 너무 어려워 보인다. 심지어는 '저게 작품인가?' 하는 회의를 속으로 품으며 '나도 저 정도는 할 수 있어, 우리 아이가 괴발개발 해도 저만큼은 하겠다'라며 빈정대는 마음이 들기도 한다.

그러나 함부로 입 밖으로 툭 내뱉었다가는 무식한 사람이나 교양 없는 사람으로 치부되기 때문에 침을 꿀꺽 삼킨다. 잘 모르지만 아는 척 고개를 끄덕이기도 하고, 예의 바른 관람자처럼 작품을 유심히 보는 척한다. 하지만 역시나 머릿속은 휑하든지 복잡하든지 하다.

이런 경험을 한두 번 하다 보면 예술은 어려운 것이고 재미없는 것이라는 편견이 생긴다. **진짜로 흥미가 없는 사람도 있겠지만, 많은 경우 그 분야에 대한 지식과 경험이 없어서 일어나는 현상이기도 하다.**

스포츠를 즐기기 위해 우리는 최소한 그 경기에 대한 작은 지식이나 룰에 관심을 갖는다. 안타나 도루, 번트의 의미를 모르고 야구 경기를 즐길 수 없고, 셋업이니 백스윙이니 하는 말의 뜻을 모르고는 골프 경기를 재미있게 보거나 직접 해볼 수가 없다. 이처럼 그림을 관람하거나 시를 읽거나 하는 일에도 얼마간의 지식은 필요하다. '감각으로 느끼고 정서적으로 와닿는 것을 즐기면 되지!' 하는 사람도 있지만, 거기에는 한계가 있다.

미술관이나 갤러리에 가서 도슨트의 안내와 작품 해설을 들어본 경험이 있을 것이다. 듣고 나면 작품을 이해하기가 훨씬 쉽고, 무심히 보던 작품에도 갑자기 관심이 증폭되지 않던가? 나중에 다시 그 작품을 대하면 작품이 한결 가까이 다가옴을 느낀다. 이처럼 **약간의 지식과 해설만 있어도 더욱 부드럽게 작품을 감상할 수 있고, 미술에 대한 호감이 생긴다.**

문화예술 지식 쌓기

그렇다면 문화예술에 대한 지식을 어떻게 얻으면 좋을까? 아무것도 모르고 관심도 없는데 갑자기 사전에 관련 공부를 한다고 생각하면 머리부터 지끈거릴 것이다. 미루고 미루다가 결국 예술과는 담쌓고 사는 인생이 될 수도 있다.

몇 가지 제안을 하자면, **전시를 보러 가기 전 미리 인터넷이나 SNS를 통해 전시작이나 작가들의 정보를 대충이라도 훑어보면 좋다.** 일일이 자세히 보면 전시 관람을 가기도 전에 떵해질 수 있으니 편하게 눈으로만 보는 것이다. 눈에 약간만 익혀놓아도 전시작의 낯섦을 피할 수 있다. 작가의 이름이라도 알고, 몇 가지 작품을 책이나 인쇄물 혹은 SNS 등을 통해 사전에 접한 사람은 실제로 그 작가의 전시를 보게 되면 훨씬 더 관심 있게 전시를 관람하곤 한다.

하지만 우리는 아무런 **사전 정보 없이 전시회에 가는 경우도 있다. 그럴 때는 전시장에 비치된 카탈로그나 팸플릿, 리플릿을 꼭 챙겨서 작품에 대한 간단한 설명을 읽어본다.** 모든 작품을 다 읽다 보면 작품을 보기도 전에 지치므로 들고 다니면서 이해하기 어려운 작품을 만났을 때 관련된 정보만 그때그때 파악해도 도움이 된다. 나머지 자료는 집에 돌아와서 시간 여유가 있을 때 천천히 살펴본다. 전시 도록의 경우 대부분 유료이므로 상황에 따라 구입한다.

미술관에 가면 오디오 가이드가 설치된 전시가 꽤 있다. 이를 적극 활용해보는 것도 추천한다. 작품이나 작가의 이야기를 편안하고 차분한 음성으로 들으면 작품을 한결 재미있게 즐기며 감상할 수 있다.

유명 작품이나 작가에 대한 지식을 인터넷을 통해 틈틈이 살펴보는 것도 좋다. 평소에 문화예술에 관련된 유튜브 채널을 시청하는 것도 도움이 된다. 처음에는 관심 가는 작가나 작품 위주로 검색하여 보거나 듣거나 하는 게 좋다. 자주 접하다 보면 꼬리에 꼬리를 물고 궁금해지는 작가와 작품들이 생긴다. 점점 관심의 폭이 넓어져 다른 작가나 작품에도 시선이 가며 그 분야에 대한 흥미가 올라간다.

문화예술 관련 용어들이 생경하게 다가온다면 용어를 들었을 때 즉시 검색하여 찾아보는 게 좋다. '나중에 알아보지 뭐' 하고 지나가면 잊어버리거나 관심에서 멀어져버리기 쉽다.

시를 대할 때에도 마찬가지다. 시는 소설이나 에세이와는 다르게 비유와 함축으로 구성된 문학이기 때문에 '무조건 읽고 보자' 하고 달려들면 얼마 못 가서 시집을 집어던지게 된다. 따라서 **시가 어떻게 쓰이는지에 대한 약간의 이해가 필요하다.**

흔히 우리는 시 속 화자를 모두 시인 자신이라 착각하는 경우가 많은데, 그렇지 않다. 시 속 화자(주로 나)는 소설 속 화자와 비슷하다. 물론 시인 자신일 때도 있지만 전혀 다른 가상의 인물인 경우도 많다. 예를 들어 김소월의 「진달래꽃」의 화자는 여자다. '나 보기가 역겨워 가실 때에는…' 하고 말하는 화자는 김소월 자신이 아닌, 사랑과 이별에 가슴 아파하는 어느 한 여인이다. 이런 기본 지식을 알지 못하고 시를 읽게 되면 모든 화자를 시인으로 보아 오해하는 일도 생긴다.

시집을 읽는 일도 중요하지만 '시작법(詩作法)'에 대한 책을 읽거나 강의를 들어보는 것도 시 이해에 도움이 된다. 이재무 시인은 『집착으로부터의 도피』에서 '우리의 현실 독자들은 시와 친해지기 위한 지적 투자에는 인색하면서도, 시가 어렵게 느껴지면 무조건 시인을 탓하는 경향이 있다'라고 하였다. 가령 '물리학이나 고등수학, 추상미술, 고전음악 등이 어려운 것에 대해서는 자신들의 무지를 탓하지만, 시가 어려운 것에 대해서만큼은 자신을 탓하기에 앞서 시인들을 타매하길 망설이지 않는다. 시도 제대로 향수할 수 있으려면 지적 투자를 아끼지 말아야 한다'라고 말했다.

문화예술 감상에 대한 자세

문화예술에 대한 흥미를 높이고 온전히 작품을 이해하고 즐기기 위해 가져야 할 자세가 있다. 쉬운 일이지만 간과하는 이들이 많다.

문화예술 관람을 하러 가면 감상은 하는 둥 마는 둥 하고 사진 찍기에 열을 올리는 사람들이 있다. **사진은 꼭 필요할 때 외에는 되도록 찍는 일을 자제하는 게 좋다.** 인증 샷을 남기기 위해 공연장, 미술관을 방문한 건 아니지 않은가? 사진을 찍느라 정신을 팔다 보면 작품 감상에 온전히 젖을 수가 없다. 정성 들여 사진을 촬영했지만, 나중에 사진을 꺼내서 자주 보지도 않는다. 그때 잠시뿐이다. 카메라를 내려놓고 처음부터 끝까지 작품을 감상해보라. 사진 찍기에 열을 올릴 때와는 작품에 대한 느낌이 너무나 다르다. 카메라로 작품과 공연을 기억하기보다는 자신의 눈과 마음에 담아 오는 일이 얼마나 감동스러운지 직접 체험해보면 알 수 있다.

큰 소리로 대화를 하거나 뛰어다니거나 전화를 크게 받는 등 기본 예의에 어긋나는 행동을 자제해야 하며, 작품을 만지는 행위도 하지 말아야 한다. 나 한 사람의 부주의한 행동으로 인해 많은 사람이 피해를 볼 수 있음을 기억하자.

내 인생아 흥해라

6장

언어 자본

언어는 인류 지식의 보물 창고이다

내 언어의 한계는 내 세계의 한계를 의미한다.

- 비트겐슈타인

언어란 인간을 다른 모든 종과 구별하는, 음성 또는 문자기호에 의한 의사소통의 체계이다. 인간이 다른 동물들과 구별되는 특성 중의 하나는 말을 한다는 것이다. 인간의 언어와 동물의 의사소통 수단의 기능적 차이는 자극 의존성이다. 동물의 의사소통 수단은 외적 또는 내적 자극에 의해서만 활동되나 인간의 언어는 그렇지 않다.

언어란 소리와 문자에 의한 의사소통 수단이며 시간과 장소를 초월하여 의사소통과 생각과 감정을 전달하고 경험을 저장시킨다. 인간의 창의적 사고력은 언어 능력의 차이를 가져오고 언어 능력이야 말로 인간을 인간답게 만드는 가장 기본적이고 필수적인 요건이다.

내 인생아 홍해라

인간은 음성이나 문자를 이용하여 의사소통을 한다. 생각이나 느낌을 나타내거나 전달하기 위하여 사용하는 음성·문자·몸짓 등의 수단 또는 그 사회 관습적 체계와 언어는 인류를 다른 동물과 구별되게 해주었다. 언어는 사람의 생각이나 감정을 나타내는 소리이다. 한 사회를 구성하고 있는 사람들 사이 인간의 지능이나 사회의 조직을 비롯하여 인류가 누리고 있는 것은 언어가 발달했기 때문이라고 해도 과언이 아니다. 언어가 없다면 다른 동물의 세계를 크게 벗어나지 못했을 것이다.

언어는 시대와 함께 변해왔다. 과거에도 끊임없이 변해왔고 지금도 변하고 있다. 세계적인 언어학자 노암 촘스키(Avram Noam Chomsky)는 "인간의 언어는 무한하지만 동물의 의사소통 수단은 그렇지 않다"라고 말했다. 인간은 어떤 낱말을 더하거나 빼고 바꾸어 말함으로써 계속 조금씩 다른 표현을 무한히 만들어내는 반면, 동물은 울음소리로 자신의 위치를 알리거나 동료들을 부른다. 다가오는 위험을 경고, 위협하는 소리 등 몇 가지로만 구분한다. 아무리 고등한 유인원(類人猿)일지라도 인류와 같은 언어를 가지고 있지는 않다. 침팬지의 새끼를 갓 태어난 아기와 함께 같은 환경에서 길러보았으나 인간과는 달리 침팬지는 언어를 습득할 수 없었다고 한다.

따라서 인간은 다른 동물이 가지고 있지 않은 언어 습득의 선천적인 능력을 갖고 태어난다고 할 수 있다. 왜냐하면 비교적 기능이 발달하지 않은 유아기에, 그리고 비교적 짧은 시일 내에, 정식 언어 교육도 없이, 또한 지능의 차이에도 관계없이 언어를 습득한다는 보편적 사실로 보아 선천적인 언어 능력을 갖고 있다고 할 수밖에 없다.

　최근에 많은 언어학자, 동물학자, 심리학자들이 '과연 인간만이 언어를 가진 것인가, 동물도 교육에 의하여 언어를 가질 수 있지 않을까' 하는 가설 아래 동물언어 실험을 실시하였다. 이러한 실험에서 반복적인 집중 학습에 의하여 몇몇 단어, 많이는 400여 단어를 습득했으며 이를 구사하여 간단한 문장(sentence)을 사용할 수도 있게 되었으나, 정밀히 재조사한 결과 이러한 문장의 사용은 단지 자극에 대한 반응 그리고 보상에 의한 재강화 또는 단순한 모방에 불과하다는 것이 밝혀졌다. 아무리 고등한 동물이라도 인간과 같은 언어는 가질 수 없다는 결론에 도달한 것이다. 따라서 언어는 인간만이 가진 독특한 것이라 단정할 수 있다.

　20세기 초반 인류학의 아버지로 불리는 프란츠 보아스(Franz Boas)는 미국 최초로 인류학과를 창립하여 미국 인류학계의 1세대를 길러냈으며, 특히 인류학 연구 방법의 핵심인 현지 조사 방법에서 언어의 중요성을 강조하였다. 사회의 언어를 알지 못하면 현지 조사를 통해 자료를 수집하고 분석하는 것이 거의 불가능하다는 것이다. 에드워드 사피어(Edward Sapir)는 북미 인디언들의 언어들을 개별적으로 기술하여 분석하였을 뿐만 아니라, 현지 조사를 통하여 언어는 그 화자들의 무의식적 행동의 유형을 반영하는 것이라고 생각했다.

그는 언어와 사회적 행위 그리고 문화를 구분하고, 언어는 사회적 행위를 구성하는 무의식적인 심리적 유형을 상징하는 것이라고 규정했다. 이러한 구분은 언어와 사회적 행위로서의 언어 사용, 그리고 그러한 행위의 무의식적인 패턴으로서의 문화를 구분한다. 뿐만 아니라 언어는 현대사회에서 자본을 획득할 수 있는 필수적인 요소가 되었다.

델 하임즈(Dell Hymes)는 언어학에서 말하는 언어의 문법적 지식에 초점을 두는 언어 능력(linguistic competence)의 개념과는 달리, 특정 언어 공동체의 구성원은 그 언어에 대한 문법적인 지식 이외에 그러한 언어 사용의 사회적 적절성까지 포함하는 의사소통 능력(communicative competence)을 가지고 있음에 주목한다.

언어학에서는 언어의 구조적 측면만을 연구의 대상으로 설정하고 언어의 실제 사용은 개별 화자의 변이로 간주하여 연구 영역으로 포함시키지 않는다. 반면, 의사소통의 민족지학에서는 언어의 실제 사용은 무작위로 일어나는 것이 아니라 일정한 사회적 규칙에 따라 유형화된다.

특정 언어 화자들이 어떻게 언어를 사용하는지에 따라 사람들의 평가, 태도, 가치를 의미하며 이러한 언어에 대한 평가와 가치에 대한 관심은 언어가 정치적 또는 사회적으로 성공하는 데 큰 의미를 부여한다. 그런 의미에서 자본과 언어는 연관되어 있다. 언어 없이 사는 게 불가능하다면 자본 없이 사는 것도 불가능할 것이다. 자본주의 체계는 언어적 관습들을 특징으로 하며 언어 자본을 통해 작동하고 있다.

내 인생아 흥해라

말이 달라지면 인생이 달라진다

사려 깊고 근심하는 시민들이 모인 작은 그룹이 세상을 변화시킬 수 있다는 사실을 의심하지 마라. 세상은 실제로 그렇게 변화해왔다.

- 마거릿 미드

미국 컬럼비아 대학의 캐롤 드웩(Carol Dweck) 교수는 뉴욕의 20 군데 학교의 초등학교 5학년 학생들을 대상으로 연구를 했다. 먼저 학생들을 대상으로 비언어식 지능 검사를 실시하고 그 또래 아이들이라면 쉽게 풀 수 있는 문제를 주었다. 검사를 마친 후 점수를 알려주면서 한 집단에는 "너는 참 똑똑하구나"라고 칭찬을 했고 다른 집단에는 "참 열심히 했구나"라고 칭찬을 했다. 곧 두 번째 시험을 치르면서 하나는 전처럼 쉬운 문제이고 다른 하나는 전보다 어려운 문제라고 설명했다.

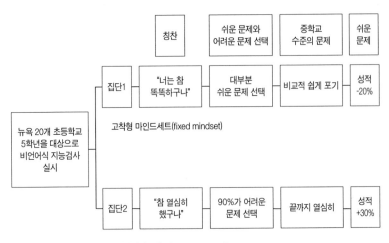

뉴욕 20개 초등학교 5학년을 대상으로 비언어식 지능검사 실시

	칭찬	쉬운 문제와 어려운 문제 선택	중학교 수준의 문제	쉬운 문제
집단1	"너는 참 똑똑하구나"	대부분 쉬운 문제 선택	비교적 쉽게 포기	성적 -20%
집단2	"참 열심히 했구나"	90%가 어려운 문제 선택	끝까지 열심히	성적 +30%

고착형 마인드세트(fixed mindset)

성장형 마인드세트(growth mindset)

똑똑하다는 칭찬을 받은 아이는 대부분 쉬운 문제를 선택했고, 노력한다고 칭찬받은 아이의 90%가 더 어려운 문제를 선택했다. 이에 대해 드웩 교수는 "지능지수 자체를 칭찬받은 아이는 다음에 도전하는 게임으로 자신의 지능을 확인받으므로 틀릴 수도 있는 모험을 하려 하지 않는다"라고 설명했다.

이번에는 아이들이 모두 풀기 어려운 중학교 수준의 문제를 내고 그 문제를 풀게 했다. 두 집단의 아이들 모두 문제를 풀지 못했다. 그러나 노력을 칭찬받은 아이들은 끝까지 열심히 풀었고 문제 해결을 위해 적극적으로 노력했다. 그리고 '이런 문제를 좋아한다'라고 대답했다. 하지만 똑똑하다는 칭찬을 받은 아이는 문제를 끝까지 풀지 않고 비교적 쉽게 포기했으며 '똑똑하지 않기 때문에 문제를 풀지 못했다'라고 대답했다.

마지막으로 드웩 교수는 처음만큼 쉬운 문제를 풀게 했다. 그러자 노력을 칭찬받은 아이는 30% 정도 성적이 향상되었지만 똑똑하다고 칭찬받은 아이는 20% 정도 성적이 감소했다.

드웩 교수는 이 결과를 마인드세트로 설명한다. 노력을 칭찬받은 아이는 미래를 향해 커가는 '성장형 마인드세트(growth mindset)'를 갖추어서 시간은 걸리지만 여러 가지 능력을 계발하게 된다. 현재를 걱정하지 않고 능력을 발전시키는 데 집중하기 때문이다. 이에 반해 똑똑하다는 칭찬을 받은 경우 현재에 안주하는 '고착형 마인드세트(fixed mindset)'를 갖게 되어 더 이상 노력을 하지 않는다는 것이다.

이와 같이 한 번의 지능지수 검사에서 좋은 평가가 나오는 것이 경우에 따라서 독이 될 수 있다. 중요한 것은 과정에 대한 노력이다. 열심히 노력했다는 칭찬이 성장형 마인드세트의 영양분이 되며 이것이 문제 해결에 가장 중요한 힘이 된다.

시카고의 한 고등학교는 낙제 점수인 'F' 대신 'Not yet'이란 성적을 표기한다. 학생들로 하여금 아직도 배우는 과정에 있음과 동시에 앞으로 더 나아갈 수 있음을 느끼게 해주기 위해서이다. 드웩 교수는 어려운 문제나 상황에 직면했을 때, 노력과 인내를 통해 내가 더 발전할 수 있다는 믿음을 주기 위해서라고 말한다.

비난과 질책 대신 더 발전할 수 있다는 믿음을 주는 말을 들으며 자란 사람은 어려운 문제를 대할 때, 그 도전이 나를 성장하게 해줄 것이라는 기대와 함께 설령 결과가 만족스럽지 못하더라도 결과를 극복하기 위해 더 많은 노력을 기울이게 된다.

캐롤 드웩 교수는 질문한다. '아직' 대신 '지금'의 방식으로 점수에 집착하지 않으며 지혜로운 칭찬을 하라고 조언해준다. 타고난 지능이나 재능을 칭찬하지 말고, 대신 아이들이 거쳐야 하는 과정, 노력, 계획, 집중, 인내, 나아진 모습을 칭찬하라고 조언한다. 이런 과정을 응원하는 칭찬은 어려움에 쉽게 굴하지 않는 강인한 아이들을 길러낸다는 것이다.

하지 말아야 할 칭찬과 해야 할 칭찬

'너는 똑똑하다', '너라면 충분히 할 수 있어'라는 칭찬은 하지 말아야 한다. 이 말은 결과를 기대하겠다는 칭찬이다. '네가 노력하는 지금 이 순간이 중요한 거야', '너를 믿어야 해. 결과가 어떻더라도 너 자신을 믿어라'라는 말은 노력하는 과정을 응원하는 칭찬이다. 타고난 재능을 칭찬하는 것과 노력을 통해 발전할 수 있다는 칭찬은 마음가짐을 다르게 만든다.

캐롤 드웩 교수의 연구에 따르면, 어려운 문제를 대할 때 결과를 칭찬받은 아이는 쉽게 포기하거나 도전조차 하지 않았다고 한다. 실수하고 싶지 않기 때문이다. 반면, 과정을 되새겨준 아이들은 도

내 인생아 흥해라

전하고 즐거워하게 된다.

　언어 자본은 상호작용을 설명해주는 어휘이다. 생산성을 극대화
시키는 것은 서로의 관계에서 이루어진다. 생산성을 극대화시키는
관계는 가족이나 조직 내부에 시너지적인 문화를 창조해주는 힘이
된다. 그 이유는 각자가 문제점을 분석하고 해결해 진정하게 몰입
할 수 있게 만들어 각자의 생산성은 더욱 커지게 된다. 언어 자본
을 통해 시너지를 이룰 수 있다. 시너지는 상호의존적인 현실에서
작용하는 효과성이다. 즉, 언어 자본은 팀워크이며 나아가 다른 사
람들과 화합하게 만든다. 우리 자신이 가진 내적 시너지는 전적으
로 자신의 '잠재의식'에 있다.
　언어 자본은 자기의 본성이 가진 분석적 측면과 창의적 측면 모
두를 존중할 수 있게 한다. 그래서 서로들 간의 차이점을 소중히
여기게 만들고, 또 그 차이점들이 생산성을 촉진시키도록 만든다.
상호 간의 차이가 아무리 커도 다른 사람이 가진 좋은 점을 찾을
수 있고, 또 이를 자신의 견해를 개선하고 관점을 넓히는 데 활용
할 수 있다.

　우리는 상호의존적인 상황에서 마음을 여는 용기를 낼 수 있는
언어 자본을 사용할 수 있다. 즉, 언어 자본을 통해 용기를 얻어
우리가 가진 아이디어와 느낌을 표현하게 하고, 경험을 이야기함으
로써 다른 사람들도 똑같이 마음을 열도록 할 수 있다. 성공한 사

람과 평범한 사람은 대화의 내용과 방법이 다르다. 다른 사람에 대한 험담이나 부정적인 말과 소문 등을 말하면 자신의 장래도 그렇게 부정적인 것들로 가득 차게 된다.

기쁨, 희망, 비전, 풍요로움을 말하면 인생 역시 기쁨과 행복, 풍요로움으로 충만해진다. 성공하는 사람이 일상적으로 사용하는 말에는 배려, 비전, 사랑, 우정, 감사가 가득 차 있다. 무심코 매일 쓰는 말이 우리의 운명을 결정한다는 사실을 항상 명심해야 한다.

인간은 누구나 세계의 중심은 자신이라고 생각하며 살아간다. 인간에게는 3가지 기본 욕구가 있다. 개체를 보존하려는 욕구, 종족을 보존하려는 욕구, 그리고 다른 사람에게 인정받고 싶다는 욕구이다. 그래서 상대방의 관심사를 인정하고, 상대방의 필요나 욕구 가운데에서 자신의 성장을 발견해나간다.

사람들과 함께 어울려 살아가며 일하다 보면 온갖 일들이 벌어지게 마련이다. 화를 내며 해서는 안 될 말을 내뱉기도 하고, 울컥하는 마음에 순간적으로 반응해 부정적인 말을 몇 마디 내뱉게 되면 내리막길을 걷게 된다. 이 길은 한번 들어서면 가속도가 붙어 내가 살고자 하는 방향과 다른 방향으로 가게 된다. 부정적인 언어는 경사가 워낙 심하기 때문에 걷잡을 수 없어 불운은 점점 커지고, 결국 마음까지 어둠에 빠지게 된다.

반면 이미 벌어진 상황에 대해 관대한 몇 마디의 언어는 용기를 부여하고 고난을 극복할 수 있는 활력을 선사하여 최정상에

내 인생아 흥해라

설 수 있게 한다. 우리의 장래는 현재 우리가 쓰고 있는 말이 만드
는 것이다.

치유와 공감의 언어 자본

자기 존재와 그 느낌을 만나 **공감받은 사람은 특별한 가르침**
이 없어도 자신에게 필요한 깨달음과 길을 알아서 찾게 된다.
그것이 정확한 공감의 놀라운 힘이다.

- 정혜선

오프라 윈프리는 타임지 선정 '20세기 영향력 있는 인물', 포브스
22 선정 '세계에서 가장 영향력 있는 인물'로 25년간 최고의 자리를
지킨 사람이자 '오프라 윈프리 쇼'의 진행자이며 제작자다. 불우한
과거를 딛고 온전히 자신의 힘으로 성공을 이뤄낸 전 세계적인 롤
모델이다.

16세 때 라디오 방송국에 견학을 갔고 우연히 1973년 TV 리포
터로 방송계에 발을 내딛었다. 미국 내 시청자 2,200만 명, 140개
국에 배급된 '오프라 윈프리 쇼'로 세계에 알려졌다. 자선활동으로

남아프리카 공화국에 학교를 설립하였다. 2011년 은퇴하며 OWN 방송국을 세우고 명사들을 초청해 솔직한 인터뷰를 이끌어 일곱 번의 에미상을 수상했다. 2013년에 하버드 대학교에서 명예 박사 학위, 오바마 대통령으로부터 '대통령 자유의 메달'을 수상했고, 그녀의 수입은 연간 1,000억 달러 이상이다.

그녀는 풍부한 감정과 공감을 장점으로 적극 활용해 토크쇼를 진행했다. 그리고 쉽사리 목소리를 내지 못하던 가정폭력 피해자와 병으로 고통받는 사람들도 토크쇼에 초대해 이야기를 나누었다. 출연자들의 사연에 함께 웃고, 울어주는 '오프라 윈프리 쇼'는 뜨거운 사랑을 받았다. 오프라는 출연자의 마음을 이해하는 공감 능력이 뛰어나, 시카고의 30분짜리 아침 프로그램을 미국 대표 토크쇼로 올려놓았다.

'오프라 윈프리 쇼'는 무려 25년간 계속되었고, 오프라는 이 성공에 힘입어 직접 회사를 차려 방송 프로그램을 만들었다. 오프라는 자신의 회사를 통해 그동안 꿈꿨던 방송 프로그램과 영화와 잡지 등을 직접 제작했고, 자신처럼 학대당하는 아동이 없도록 '아동 보호 법안'을 만드는 데 발 벗고 나섰다. 또한 남아프리카공화국에 소녀들을 위한 학교도 지었다.

엔젤 네트워크 재단을 만들어 가난한 대학생들에게 학비를 지원해주고 있다. 2011년 토크쇼를 그만둔 뒤에도 오프라는 꾸준히 자신의 콘텐츠를 만들며 어려운 사람들을 돕기 위해 노력하고 있다.

오프라는 **다른 사람의 마음을 잘 헤아려 듣고 말하는 게 어떤 비싼 선물보다 값지다**는 것을 일깨워주고 있다. 누군가에게 감동을 주고 위로를 전하려면, 다른 사람의 고민을 들어주고 진심어린 말 한마디를 건네야 한다는 것을 오프라는 수많은 사람들에게 일깨워준 것이다.

사람들은 인정받고 공감받길 원한다. 당신이 사랑하는 가족들도, 당신의 친구들도, 부하 직원도 모두 다른 사람에게 인정받고 싶어 한다. "인간성의 가장 깊은 원칙은 칭찬받고 싶어 하는 욕구이다." 심리학자 윌리엄 제임스의 말이다.

작가 윌리엄 마운트포드(W. H. Mountford)는 **"상대의 슬픔을 느끼는 것은 적선보다 더 힘들다. 돈은 인간의 자아 바깥에 있지만, 공감은 자기 영혼과의 대화이기 때문이다"**라며 공감의 중요성을 강조했다. 공감 개념은 19세기 말 독일어 Einfühlung에서 처음으로 나왔는데, ein(안에)과 fühlen(느끼다)이 결합된 말로, '들어가서 느끼다'라는 의미로 사용된다. empatheia는 안을 뜻하는 en과 고통이나 감정을 뜻하는 pathos의 합성어로, 문자 그대로는 안에서 느끼는 고통이나 감정을 의미한다. 결국 공감(共感)이란 '아, 그렇게 생각할 수 있겠구나'라는 상대방의 느낌이나 감정, 사고 등을 정확히 이해하고, 이해된 바를 정확하게 상대방과 소통하는 능력을 말한다.

언어 자본이 풍부한 사람들은 상대방을 이해하는 능력이 뛰어

내 인생아 흥해라

나다. 아무리 단점이 많은 사람일지라도 장점을 찾아내어 좋아하도록 애쓰면, 불평을 늘어놓거나 비난하는 버릇이 없어지게 된다. 모든 책임을 상대 탓으로만 돌리는 언어를 사용하는 사람은 어느 누구라도 싫어하게 마련이다.

아이들은 태어나서 얼마 되지 않은 시점부터 엄마의 목소리나 표정을 통해서 엄마의 감정을 판단하게 된다. 아버지와 어머니가 나누는 대화의 음색(tone)에 따라 두 사람의 감정이나 분위기를 알아차리기도 한다. 또 부모와 형제들과의 놀이를 통해서 여러 가지 사회적 경험을 축적해나간다. 인형에게 이름을 붙여주고, 재워주고, 추울까 봐 담요를 덮어주며 잘 자라고 토닥이기도 한다. 이러한 모든 과정들은 다른 사람의 마음을 인지하고 이해하며 상대의 감정에 공감해가는 사회인지의 발달 과정이다. 하지만 다른 사람의 생각이나 욕구, 감정과 같은 복잡한 심리 상태에 대해서 생각하고 추론하는 능력은 그리 쉽사리 얻어지는 것이 아니다.

행동치료 전문가 조셉 월피(Joseph Wolpe)는 인간관계에는 크게 세 가지 접근법이 있다고 했다. 첫 번째는 자기 자신의 이익과 입장만 생각해 그것을 앞세우는 것이다. 두 번째는 늘 남을 자기보다 앞세우는 것이다. 세 번째는 **자신을 처음에 두고 남들 또한 고려한 것으로, 이것이 가장 이상적이다. 결국 다른 사람의 이익 속에서 자신이 바라는 이익을 찾아가야 하는 것이다.** 사회적으로 성공한 사람의 언어 자본은 언제나 다른 사람의 입장에서 사물을 생각하고, 이야기하고, 행동하는 치유와 공감능력이다.

벤저민 프랭클린은 자신이 성공한 계기에 대해 이렇게 말했다. "내가 자신만을 위해 일하고 있을 때는, 일하고 있는 사람은 나 혼자였고 도와주는 사람은 없었다. 그러나 내가 다른 사람을 위해 일하게 된 뒤로는 다른 사람도 나를 위해 일해주었다."

다른 사람의 입장에서 생각하고, 이야기하고, 행동하는 것은 성숙함에서 나오는 것이다. 그런데 중요한 것은, 중요하다고 생각하는 것이 모두 저마다 다르다는 것이다. 관계하고 있는 상대방은 누구나 개성적인 존재로서의 한 사람이다. 지위가 높은 사람도 지위가 낮은 사람도 모두 개인적으로 인정받기를 원하는 것이다. 다른 사람의 욕망이나 권리도 당연히 고려해야만 하는 것이 치유와 공감의 언어 자본이다.

04

무엇을, 어디까지, 어떻게 말해야 하는가?

三思一言(삼사일언), 세 번 생각한 연후에 말하라.

누구도 자기가 하는 말이 다 뜻이 있어서 하는 것이 아니다.

그럼에도 자기가 뜻하는 바를 모두 말하는 사람은 거의 없다.

- H. 애덤즈

사람은 사람들과 다양한 형태의 관계를 맺고 살아간다. 이러한 관계의 유지 혹은 단절은 어떻게 의사소통을 하는가에 달려 있다. 그렇기에 수많은 연구자들이 인간의 의사소통에 관하여 연구해왔고 메시지의 전달자와 수신자 간의 상호작용, 개방적인 성향이 미치는 영향, 칭찬과 비판의 효과, 심지어는 제스처와 같은 비언어적 요소의 영향력까지 실로 다양하기 그지없는 요인들에 관하여 수많은 연구들을 진행해왔다.

이를 제한된 공간에서 한 번에 모두 다룬다는 것은 당연히 불가능할 것이다. 하지만 그중 흥미로운 주제 하나를 뽑아 의사소통이 얼마나 미묘한 요인에 의해서 많은 영향을 받는가를 생각해보는 것은 의미 있는 일이라 생각된다.

미국의 사회조사 전문가 도널드 러그(Donald Rugg)는 1940년대에 부정어를 사용함으로써 재미있는 역전 현상이 쉽게 관찰될 수 있음을 보여주었다. 그중 하나가 이른바 허락(allow)과 금지(forbid)의 차이이다. 미국인들에게 아래와 같이 질문을 했다.

'질문 A: 우리나라(미국)에서 민주주의를 비판하는 대중 연설을 허락해야 한다고 생각하십니까?'

이 질문에 62%의 미국인들이 '아니오'를 선택했다. 거의 2/3에 해당하는 다수다. 하지만 질문을 살짝 바꾸면 결과가 상당히 달라진다.

'질문 B: 우리나라(미국)에서 민주주의를 비판하는 대중 연설을 금지해야 한다고 생각하십니까?'

B와 같은 질문에 대해 미국인들은 46%만이 '예'라는 대답을 했다. 질문 A에 대한 '아니오'와 B에 대한 '예'모두 결국 의미적으로는 금지의 의미인데도 말이다. 50%를 기준으로 전혀 다른 결과가 관찰된 것이다. 왜 이런 결과가 관찰되었을까? 허락을 반대하는 것은 '금지한다'보다는 한발 더 물러나 있는, 즉 심리적 퇴로가 좀 더 넓은 표현이다.

다른 사람과 대화를 할 때 서로 의견을 달리하는 문제를 처음부터 화제로 삼아서는 안 된다. 서로의 의견이 일치하는 문제부터 시작해서 서로 동일한 목적을 향하여 노력하고 있다는 점을 상대방에게 이해시켜주도록 하며, 의견의 차이는 다만 방법뿐이라는 점을 알게 해야 한다. 언어 자본이 풍부한 사람은 먼저 상대방에게 몇 번이나 '예스'라고 말하게 만들어놓는다. 그러면 상대방의 심리는 긍정적인 방향으로 움직이게 마련이다.

먼저 '노'라는 말이 먼저 입 밖으로 나오게 되면, 여러 가지 부수적인 현상이 함께 일어나게 된다. 각종 인체 내의 분비기관과 신경과 근육 조직에서 일제히 거부 반응을 나타낸다. 그래서 뒤로 물러나거나 물러날 준비를 하게 된다. 따라서 대화를 시작할 때 처음에 '예스'라는 말을 많이 하도록 하면 할수록 상대방을 자신이 원하는 방향으로 이끌어가기가 용이해지게 된다.

사람들은 대부분 감정에 지배된다. 그래서 사업상으로나 사회적으로 성공하는 사람들은 말에 대해 잘 알고, 여러 유형의 각각 다른 사람에게 말이 어떤 의미를 갖는지에 대해 잘 알고 있다. **언어 자본이 약한 사람들은 겨우 백여 가지의 낱말을 쓰고, 언어 자본이 풍부한 사람들은 3천이나 4천 정도의 낱말을 쓴다.** 낱말의 수보다 더 중요한 것이 감정과 의미에 저마다 담겨진 속뜻을 잘 표현하고 전달하는 것이다. 말은 우리의 일상생활에서 중요한 역할을 하기 때문에 다른 사람을 잘 사귀고 설득하고 이해하는 데 중요한 역할을 한다. 잘 살펴보면 **성공하는 사람은 반드시 언어 자본이 풍부하다**는 것을 알게 된다.

대부분의 사람들은 말할 때 아무렇게나 입에서 나오는 대로 어휘를 기억에 담을 뿐, **좋은 어휘를 어떻게 구사해야 하는지** 모른다. 그래서 다른 사람에게 자신의 의사를 전달하거나 설득하는 데 실패한다.

프랑스의 한 카페에는 같은 커피지만 주문에 따라 다음과 같이 가격이 다르게 적혀 있는 곳이 있다.

① "커피." 7유로(약 9,100원)

② "커피 주세요." 4.25유로(약 5,500원)

③ 주문자의 말에 따라 달라지는 커피 값

원래 9,100원인 커피를 주문자의 말에 따라 값을 다르게 받는 가게가 있다. 단순히 "커피 주세요"라고 주문하는 사람에게는 5,500원을 받고, "안녕하세요, 커피 한잔 주세요"라고 예의 바르게 말하는 상냥한 손님에게는 2,000원을 받는다는 이야기이다. 이 기발한 가격표를 만든 카페 주인은 손님들이 종업원에게 함부로 말하는 것을 보고 아이디어를 냈다. 그 카페에서는 말 한마디를 예쁘게 하는 것으로 똑같은 커피를 5분의 1의 가격으로 마실 수 있는 셈이다. "커피!"라고 단도직입적으로 말하며 주문하는 것은 반말과도 같다. 듣는 사람이 기분 나쁠 수 있다.

말은 그 사람의 향기이다. 아무리 꽃이 예뻐도 냄새가 독하면 아무도 가까이 가지 않는다. 반대로 아주 예쁘지는 않아도 **향기가 좋으면 가까이하고 싶고 내 방에 들여놓고 싶어지는 것**이 사람의 마음이다.

말은 싸움이 아닌 조절의 기법이다. 우리의 목표는 균형을 이루는 것이다. 상대를 파멸시키는 것이 목적이 아니라면 부정적인 면을 낱낱이 밝힐 필요는 없다. 얼마 전 나의 친구는 새 스마트폰을 사러 갔다. 친구가 마음에 드는 스마트폰을 찾아 계약서에 서명하려는 순간 판매원이 "죄송합니다. 팀장님께 이 가격을 허락받고 곧 돌아오겠습니다"라고 말하더니 20분이 지나서야 돌아왔다. 친구는 판매원이 돌아오고 그의 의도를 알게 되었다.

친구가 그 스마트폰을 아주 마음에 들어 한다는 것을 안 판매원은 일부러 시간을 끌어 가격을 올릴 계획이었다. 20분 가까이 지나서 돌아온 판매원은 다시 협상을 시작했다. "오래 기다리게 해서 죄송합니다. 점장님을 설득했지만 새로 나온 신상이라 150만 원은 받아야 한다고 하시네요. 150만 원도 이미 할인 가격이니 더 이상 깎을 수는 없다고 하시네요." 친구는 이미 판매원의 수를 알고 있었다. 하지만 다툼을 피하고 원하는 스마트폰을 사고 싶었기에 차분하고 단호한 목소리로 "가격에 대한 결정권은 당신에게 있어요. 이 스마트폰을 팔 생각이라면 처음에 이야기한 120만 원을 지불하겠어요. 그렇지 않다면 다른 곳에 가야겠군요."

판매원은 어쩔 수 없이 처음에 합의한 가격에 계약했고, 팀장에게 혼나게 생겼다며 앓는 소리를 했다. 하지만 수를 들켰으니 다른 방법은 없다.

부부 관계, 부모와 자식의 관계, 직장 상사와 부하 직원 관계에서 우리는 간혹 언제 어떤 일을 잘하고 싶은 마음에 급해지곤 한다. '서류는 미리미리 준비해야지', '그렇게 꾸물거리면 성공하지 못한다', '빨리 연습을 해야 뒤처지지 않는다'와 같은 말들은 상대를 걱정하고 도움을 주려는 마음에서 나왔다고 해도 상대방에게는 책망이나 비난으로 들리기 십상이다. 그래서 듣는 사람은 선뜻 몸을 움직이지 않는 것이다.

훈계와 잔소리보다 훨씬 더 효과적인 방법은 질문을 던짐으로써 원하는 행동을 하도록 유도하는 것이다. 지금부터는 몰아붙이는 고압적인 태도 대신, 상대가 스스로 생각해 결론을 내리도록 해보자. 질문을 통해 상대방이 스스로 판단하도록 하는 것이 중요하다.

원활한 사회를 이루기 위해서는 오고 가는 말이 분명해야 하고, 정확하게 생각을 잘 전달해야 한다. 전달할 때는 점잖고 정다운 말을 사용하여 감정을 상하는 일이 없도록 해야 하며, 상냥한 미소와 함께 부드러운 말씨를 쓰는 일이 무엇보다 중요하다. '아 다르고 어 다르다', '오는 말이 고와야 가는 말이 곱다', '가루는 체에 칠

내 인생아 홍해라

수록 고와지지만 말은 길어질수록 거칠어진다' 등 우리나라 속담에는 말의 중요성을 나타낸 것이 많다.

현대에 들어 언론과 각종 매체, 미디어의 발달이 무제한으로 팽창하다 보니 말이 무척 헤퍼지고 거칠어진 것이 사실이다. 우리는 하루에도 많은 사람과 다양한 대화를 나눈다. 똑같은 주제로 대화를 나눠도 기분 좋은 사람이 있는가 하면 이상하게 기분 나쁜 사람이 있다. 후자의 사람과는 더 이상의 대화를 나누고 싶지 않게 된다.

언어 자본이 풍부해 성공한 사람들은 보잘것없게 만드는 대화를 하지 않는다. 논쟁하면 결국 손해다. **상대방의 입장에서 사물을 생각하는 게 논쟁을 하는 것보다 더 재미있으며, 또 비교할 수도 없을 만큼 큰 이익을 가져온다.**

링컨의 명언을 잘 새겨두어야 한다. 한 갤런의 쓴 물보다 한 방울의 꿀을 쓰는 편이 더 많은 파리를 잡을 수 있다.

나와 타인의 가치를 높이는 언어 자본 4가지

남을 배려하기 위해 의식적으로 자주 노력한다면
개인과 전체 사회는 모두 엄청난 변화를 겪을 것이다.

- 헨리 C. 링크

지난 수세기 동안, 인간의 마음과 행동 그리고 삶의 다양한 활동을 연구하는 인간과학에서 동서양의 학자와 전문가들은 언어 자본의 중요성을 강조했다. 하지만 일반적으로 대중에게는 언어 자본이라는 말 자체가 생소할 뿐만 아니라, 이것에 대해 거의 모르고, 우리의 삶과 어떤 관련이 있는지도 모른 채 살아가고 있다. 하지만 실상은 언어 자본이 우리 삶의 모든 영역에 큰 영향을 미치고 있다.

실제로 언어 자본은 모든 면에서 우리 삶의 경험과 질을 결정짓고 있다. 언어 자본은 자신뿐만 아니라 타인의 경험까지도 결정짓

게 된다는 의미에서 중요하다고 할 수 있다. 특히 리더십과 관련하여 언어 자본이 리더십과 조직 문화에서 핵심적인 문제가 된다. 언어 자본이 부족하면 서로 간의 소통과 협력이 어려울 뿐만 아니라 자신의 일에 책임을 갖고 최선을 다하지 못하게 만드는 근본적인 원인이 된다.

언어 자본은 우리 문제에 대한 진정한 원인에 대하여 눈을 멀게 한다. 일단 눈이 멀면, 우리가 생각할 수 있는 모든 해결책이 실제로 상황을 더욱 악화시키게 된다. 이것은 직장이나 가정에서 우리 자신에 대한 진실을 왜곡되게 만들고, 다른 사람이나 환경에 대한 관점 또한 왜곡시키며, 지혜롭고 유익한 의사결정 능력을 방해한다. 우리가 언어 자본을 모르는 만큼, 우리의 행복과 리더십은 모든 면에서 영향력을 잃어버린다.

리더십이란 관계를 맺는 사람들과 더불어 현재의 상황을 개선시키고 원하는 결과를 달성하는 문제와 관련이 있다. 우리가 상대방과 상황에 대해 잘못 생각하는 만큼, 어떠한 노력도 긍정적인 경험을 제공하지 못하게 된다. 또한 가정과 직장에서 구성원들이 자발성과 책임감을 갖고 자신의 일에 정성을 다하는 책임 문화를 구축하는 것이 불가능해진다. 이것이 바로 언어 자본이 리더십, 그리고 더불어 살아가는 문화에서 핵심적인 이슈가 되는 이유다.

언어 자본은 문제 그 이상의 것들을 함축적으로 포함하고 있으며, 그 해결책도 담고 있다. 우리가 대학, 기업, 조직, 가정에서 언어 자본에 대해 학습한다면 사람들은 분명히 자기 자신을 둘러싼 문제와 가난으로부터 자유로워질 수 있다. 언어 자본을 가지고 있는 조직에서는 명확한 비전을 갖게 되고, 갈등과 분쟁의 마음이 사라지며, 신뢰와 책임감이 배가 되어 일과 삶에 대한 행복감이 커진다.

성공한 기업 경영인, 성공한 정부, 글로벌 매니저, 하버드 경영대학원생들, 성공한 자녀의 학부모들 등 어느 조직이나 어느 사람들과 관계없이 문화와 인종을 초월해서 언어 자본을 통해 개인적인 면뿐만 아니라 문화적인 문제들을 이해하고 해결하였다. 그들은 스스로의 가능성을 새롭게 발견하고 협력을 통해 새로운 소망과 도전을 가졌다.

우리는 이러한 언어 자본을 통해 모든 분야와 직업적인 면에서 새로운 영향력을 제공하며, 당면한 문제와 상황을 새롭게 보고, 새로운 가능성을 찾고 개선함으로써 새로운 현실을 만들어야 한다.

가정이나 기업, 정부기관, 사회 공동체와 가정에서 가장 필요로 하는 것은 단지 영향을 가진 사람이 아니라 좋은 언어 자본의 영향력을 발휘하는 사람들이다. 조직에서 언어 자본과 관련되어 일어나는 일보다 더 흔한 것은 없다.

직장 경험을 통해 정말 큰 문제가 있었던 경우를 한번 떠올려보자. 예를 들어, 팀워크에 중대한 장애 요인이 되었던 경우를 한번 생각해보자.

내 인생아 흥해라

최고운영책임자가 다른 사람은 안중에도 없고 문제가 생길 때마다 '당신에게 문제가 있다'라며 상대방만을 탓한다면 증오심만 키우게 되고 다툼만 생기게 된다. 사람들은 대부분 다른 사람에게는 문제가 있어도 자신에게는 문제가 없다고 생각한다. 가정이나 조직에서 이와 관련된 문제는 가장 일상적으로 일어난다. 이러한 언어 자본의 부족이 일상적으로 가장 결정적 성과(resuits)와 생산성 향상에 방해가 되는 것이다. 사람들은 자신이 해야 할 일에 대한 책임을 회피하고 상대방과 상황을 탓하는 언어를 사용하면서 환경에 희생자가 된다고 느끼게 된다.

하나의 범위에서 또 다른 범위까지 확대되어 자신뿐만 아니라 모두에게 나쁜 영향을 미치게 된다. 팀워크와 리더십의 효과성을 약화시키고, 관계 형성에서, 즉 '사람과 사람의 사이'에서 문제만 야기시키게 되어 모두에게 악영향을 미치는 것이다.

이러한 언어는 관계에서 진정한 소통과 협력의 필요성을 느끼지 못하게 할 뿐만 아니라 일에 대한 열정과 몰입의 부족을 만들어낸다. 즉, 부족한 언어 자본은 조직의 경쟁력을 약화시킨다. 언어 자본의 부족이라는 단 하나의 원인이 여러 가지 결과를 결정짓는 원인이 될 수 있는 것이다. **언어 자본의 부족은 소통 부족, 책임감 결여, 창조적인 협력 부족, 신뢰감 상실 등으로 인한 저생산과 생산성 저하를 만들어낸다.** 이와 더불어 리더십에서 동기부여의 문제와 그 과정에서 발생하는 제반 문제 역시 똑같이 언어 자본의 부족이라는 원인에 의해서 발생한다.

언어 자본은 전에는 결코 가능하지 않았던 '사람과 조직의 문제'를 근본적이며 효과적으로 해결할 수 있게 해준다. 부족한 언어 자본을 통해 자신이 할 수 있는 것에 초점을 맞추기보다는 할 수 없는 것에 점점 초점을 맞추다 보면 원하는 성과를 달성하기 위해 취할 수 있는 행동이 아닌, 장애물에만 주목하게 된다. 그로 인해 자신의 왜곡되고 닫힌 시각으로 문제들을 바라보게 되고 상황을 판단하게 된다. 사실은 그렇지 않을지도 모른다는 어떠한 가능성에 대해서도 저항을 하게 만든다. 단절된 생각과 감정으로 인하여 사람과의 관계뿐만 아니라 일까지 단절되게 된다. 인간의 마음이나 생각 그리고 행동과 관련된 문제에 대해 개인적, 조직적 차원에서 언어 자본을 이해하는 것이 중요하다.

나와 타인의 가치를 동시에 높이는 네 가지 언어 자본

① 공감의 언어 자본

자신이 현재 어떠한 심적 상태에 있는지는 알기 쉽다. 하지만 다른 사람이 가진 심적 상태를 우리가 알기는 쉽지 않다. 이를 심리철학에서는 '타자 마음의 문제(The Problem of Other Minds)'라고 한다. 심리학자 립스는 **'타자 마음의 문제'를 해결할 수 있는 열쇠가 내 마음이 상대방의 마음을 모방하는 것,**

곧 '공감'에 있다고 보았다.

립스의 이러한 생각은 1980년대의 모사이론가(Simulation Theory)들이 받아들였다. 모사이론은 타자의 마음을 이해할 때 지각적 차원으로 이해를 해야 한다는 입장이다. 타인의 마음을 이해하는 방법은 우선 타인의 입장이나 상황으로 나 자신을 투사한 후 나의 심적 상태가 어떠할지를 상상하는 것이다. 이후 내 심적 상태를 유추해 타자에게 투사한다. 상대방의 관심사, 사고방식, 감정, 주어진 상황 등에 심리적 능력을 중점적으로 하여 다른 행위자를 인과적으로 해석·설명·예측하는 것이다.

② 신뢰의 언어 자본

신뢰를 뜻하는 영어 단어 trust의 어원은 '편안함'을 의미하는 독일어의 trost에서 연유된 것이라고 한다. 우리는 누군가를 믿을 때 마음이 편안해진다. 하지만 반대로 누군가를 믿지 못하면 그 사람이 배신을 저지르진 않을까 염려하는 마음이 들기 때문에 마음이 편안해질 수 없다. **신뢰는 항상 상대방의 행동 뒤에 숨어 있는 선의를 찾으려고 하는 마음과 상대방을 믿는 것으로부터 시작**된다.

③ 존경의 언어 자본

존경은 어의(語義) 그대로 '높여 공경하는 것'이다. 인간이 중요하다고 생각하는 가치는 다양하지만 그중에서도 존경은 특히 중요하다. 존경은 개인의 정체성이나 민족의 정체성에도 관계가 있다. 자신을 중시하는 것이 타인에 의해 무시, 경시되고 있다는 인식은 사람을 불행하게 한다. 사람은 저마다 다른 연령, 성별, 역할, 취미 등을 가지지만 **인간의 존엄성만큼은 누구나 동등하다는 사실을 받아들이고 모두에게 예의 있게 대해야 한다.**

④ 협력의 언어 자본

협력이란 우호적이고 생산적인 집단 분위기를 형성하기 위해 집단원 간에 서로 돕는 것을 말한다. 협력을 위해서는 집단원 간에 목표에 대한 합의가 먼저 이루어져야 한다. 집단원의 목표와 관심이 일치되지 않을 때 만족스러운 협력 관계가 맺어지기 어렵다. 목표를 위해서 집단원들이 뜻을 함께 모으고, 문제를 해결하려고 함께 노력해야 한다.

이 네 가지 언어 자본을 구축함으로서 나와 타인의 가치를 동시에 높여 결과적으로 단체에 이익을 가져다주는 결과를 얻게 된다. **나와 타인의 가치를 동시에 높이는 언어 자본은 여러 사람의 의견을 수용하고 합의점을 찾게 하여 더 좋은 문제 해결책을 찾을 수 있으며, 이 과정에서 팀원들 간의 의사소통 능력과 신뢰성, 책임감을 향상시킬 수 있다.** 사람은 서로 다른 성향과 강점을 가지기 때문에, 각자의 강점에 해당하는 일을 맡아서 함으로써 약점을 어느 정도 보완하여 한 개인의 결과물보다 더 좋은 결과물을 얻을 수 있는 것이다.

상호 존중과 신뢰의 언어 자본

신뢰는 건강한 관계의 모든 기본 요소이다.
다른 사람에 대한 존중과 배려, 의사소통, 헌신, 정직에 관련되
어 있다.

- 헤럴드 두아르테베르나르

지성은 말투에서 드러난다. 한 사람이 어느 정도의 지성을 갖고
있는지는 그 사람의 말투를 통해서 파악할 수 있으며 한 가정의 지
적 수준은 그 가정의 대화를 보면 알 수 있다. **사람은 자신이 사용
하는 언어에 어울리는 지적인 사람으로 성장하게 된다.** 말투가 지
성을 만드는 이유는 바로 이런 것이다. 지적인 언어를 사용하면 지
적 능력을 갖춘 사람이 되는 것이다.

말을 표현하는 데 있어 특히 중요한 것이 말버릇이다. 말버릇은
별다른 의식 없이 일상생활 속에서 묻어난다. 아이와 나누는 대화

나 부부간에 주고받는 대화, 그리고 직장에서 상사와 부하 직원 간 대화에서 지성이 드러나게 마련이다. 부모의 말버릇이 아이의 용기와 의욕을 꺾이게도 하고, 경우에 따라서는 아이의 의지를 무너뜨리기도 한다. 직장에서 상사의 말 한마디에 기분이 상해 회사를 그만두기도 한다.

인간은 개인으로 존재하고 있어도 홀로 살 수 없으며, 사회를 형성하여 끊임없이 다른 사람과 상호작용을 하면서 관계를 유지하고 함께 어울림으로써 자신의 존재를 확인하며 살아간다. 즉, 개인은 개인으로서만 존재하는 것이 아니라 사회 속에서 존재하며 살아가야 한다.

고대 그리스의 철학자 아리스토텔레스(Aristotle, B.C. 384~322)는 **'인간은 사회적 동물'**이라고 표현했다. 인간은 인간의 생존 본능 때문에 혼자서 살아가는 것보다 공동체를 이루는 것이 안정적이고, 동물과 달리 다른 사람과 소통하고 조율할 수 있는 능력을 갖추고 있다. 따라서 인간은 공동체를 이루며 살아갈 수밖에 없는 존재임을 의미한다고 볼 수 있다.

그러므로 **타인과 협력하고 연대하는 방법은 꼭 필요한 기술 중하나이다.** 협력하는 기술의 시작은 말에서 나온다. 사람을 경직하게 하거나 말문을 막아버리는 단어들이 있다. 대부분은 부정적인 말들이며, 타인을 존중하지 않고 무시하는 말투는 사람들로부터 원망을 사게 한다. 같은 말을 하더라도 조금만 배려하면 아랫사람도 변화하게 된다.

소설가 리처드 바크(Richard Bach)는 '사람은 끼리끼리 모이기 마련이다'라는 심오한 진실을 말했다. 불평과 비난을 하는 사람이든, 항상 감사할 줄 아는 사람이든 관계없이 사람들은 자신과 비슷한 사람들을 끌어들인다. 비슷하지 않은 사람들은 서로 불편하다고 느끼기 때문이다. 인간은 모두 에너지를 가진 존재이며, 자신과 비슷하지 않은 에너지는 조화를 이루지 못한다. 우리가 하는 말 또한 마찬가지이다.

성공하는 사람들의 언어는 상대방을 비난하거나 잘못을 지적하는 대신 칭찬부터 한다. 꼭 지적해야 할 일이 있을 때라도 비난 대신 먼저 칭찬을 해준다. 충고는 그다음에 조심스럽게 말한다. 잘 못하는 것을 찾아내는 것은 쉬운 일이다. 하지만 잘한 것을 알아내고 말하기란 쉽지 않다. 불행하게도 우리 주변에서 일어나는 다툼은 일을 잘 수행해낸 것보다 수행해내지 못한 것에 주의를 기울이기 때문이다.

인간에게 언어는 햇살과도 같은 것이다. 어떤 행동에 대해 관심을 가지면 가질수록 그 행동은 더욱 향상되는 경향이 있다. 그것이 좋은 것이든 나쁜 것이든 우리가 원치 않는 행동 방식을 강화시키고 있는 것이다. 자신의 부모, 배우자, 아이들, 혹은 직장 상사나 부하 직원에 대해 관심을 보이는 때는 대부분 대화가 잘못되어 갈 때이다.

아이가 있는 사람이라면 아이들이 잘하고 있을 때 '우리 아이들이 참 잘 놀고 있어. 아이들이 아주 조용한 것 보니 이제야 좀 쉴 수 있겠어'라고 생각하기 마련이다. 사실은 이때가 아이를 동기화시킬 수 있는 최적기라는 것을 대부분의 사람들은 알지 못한다. 그래서 이때는 지나치고 아이가 실수하거나 잘못을 할 때 그때부터 주의를 기울이고 잔소리를 하기 시작한다. 직장에서도 마찬가지이다. 직원들은 일을 망치기 전까지 상사로부터 어떠한 말도 듣지 못한다. 일을 잘하고 있을 때는 놔뒀다가 일이 잘못되면 화를 내고 비난하기 시작한다.

원하지 않는 행동을 다루는 가장 효과적인 방법은 부적절한 행동에 대해서 주의를 기울이지 않고, 대신 그들의 주의를 재빨리 다른 곳으로 전환시키는 것이다. 다음에 다른 일을 잘해낼 때마다 긍정적이고 상세한 피드백을 해준다면 사람들은 그 행동을 더 많이 하게 된다. 사람들에게 부정적인 반응을 하고 싶어질 때 부정적인 반응 대신 다른 방식을 사용한다면 새로운 변화가 생기게 된다. 이러한 방식은 사람들을 긍정적인 방식으로 돌아가게 하는 동시에 부정적인 행동에 주의를 기울이지 않게 함으로써 신뢰와 존경을 지속시켜준다.

심리학자 알프레드 아들러는 평소 알고 지내던 어느 부인의 집에 초대를 받았다. 그 부인과 함께 밖에서 일을 보고 다시 집으로 가 식사를 하기로 했다. 집을 나설 때 다섯 살 정도 된 부인의 아들이 "다녀오세요"라며 배웅을 해주었다. 식사를 하기 위해 다시 집으로 돌아와보니 부인의 아들이 장난감을 꺼내 발 디딜 틈 하나 없이 늘어놓았다. 부인은 당황하여 어쩔 줄 몰라 얼굴을 붉힌 채 아들을 혼내려고 하자, 아들러는 아이에게 다가가 상냥한 표정으로 이렇게 말했다.

"장난감을 정말 잘 늘어놓았구나. 그럼 방금 전에 한 것처럼 장난감을 잘 모을 수도 있니?"

그러자 몇 분이 지나지 않아 모든 장난감이 제자리에 가지런히 놓였다. 대부분의 부모들이 이런 상황에서 화를 내고 혼을 내지만 아들러는 아이에게 상처를 주지 않고, 아이 스스로 문제를 해결하도록 말을 한 것이다.

아들러는 감정에는 감정을 표출하는 상대역이 있으며, 목적도 있다고 보았다. 즉, 감정이 인간을 움직이는 것이 아니라 인간이 **어떤 목적을 위해 감정을 사용해서 무언가를 달성한다**고 보는 것이다.

사람과 사람을 이어주는 것은 긍정의 언어이며, 언어를 얼마나 적절하게 사용할 수 있는가에 따라 인간관계와 성공 여부가 달라진다. **성공한 사람들은 어떤 언어가 타인의 기분을 상하게 하는지 잘 알기 때문에 부정적인 언어는 사용하지 않는다.** 아무리 좋은 충고도 비난받고 있다는 생각이 들게 하면 거부 반응이 일어나게 마련이다. 성공하는 사람들은 상대방을 비난하거나 잘못을 지적하는 대신 칭찬부터 한다. 꼭 지적해야 할 일이 있을 때라도 먼저 칭찬한다. 그런 후에 조심스럽게 충고를 한다.

미국의 유력 잡지들은 매년 성공한 딸을 둔 부모들의 공통적인 특징을 모아 발표한다. 여기에 매년 변화 없이 소개되는 내용이 있다. "여자라는 사실이 장벽이 될 수는 없어", "너는 얼마든지 네가 하고 싶은 일을 해낼 수 있어"와 같은 말이다.

성공한 딸을 둔 부모들은 한결같이 이렇게 격려해주었다고 한다. 긍정적인 말은 긍정적인 태도를 갖게 해주어 긍정적인 결과를 가져온다. **긍정적인 사고방식은 바로 긍정적인 언어를 생활화할 때 정립된다. 성공한 사람들은 절대 자신이 먼저 결론을 내리지 않는다. 상대방이 결론을 내리도록 이야기의 방향만 조정할 뿐이다.**

미국의 처세술 전문가 데일 카네기(Dale Carnegie, 1888~1955)는 **사람들이 갖고 있는 '인정 욕구'의 중요성**을 강조한다. 그는 젊은 시절, 당대 미국 문단에서 최고의 명성을 떨치던 리처드 하딩 데이비스에 어리석은 편지를 보냈다. 당시 작가들에 관한 잡지 기사를 준비하고 있던 카네기는 데이비스에게 그만의 작법에 대해 알려줄 것을 부탁했다. 이때 자신을 무척이나 바쁘고 중요한 인물로 보이게 하려고 '구술했으나 다시 읽어보지는 못했음'이라는 문구를 편지 말미에 덧붙여놓았다. 이렇게 하면 대작가 데이비스의 주목을 끌 수 있을 것이라 여겼다.

하지만 데이비스는 답신 대신 데일 카네기의 편지를 되돌려 보냈다. 그리고 편지 말미에 '이런 무례한 행동은 이쯤에서 그만하시게'

라는 글자를 휘갈겨놓았다. 데일 카네기는 자신의 허풍스러운 태도는 분명 조롱당할 만했지만, 자신도 인간인지라 그에 대한 원망을 감출 수가 없었다.

이후 10년이 지난 뒤, 데이비드의 사망 소식을 듣고서도 좀처럼 마음이 풀어지지 않았다고 한다. 인정하기 부끄럽지만 카네기는 그의 비판에 깊은 상처를 받았다고 말한다. 데일 카네기는 **'사람들에게 미움을 사고 싶다면 신랄한 어조로 비판만을 늘어놓으면 되지만, 인생에 성공은 결코 없을 것'**이라고 말했다.

성공한 사람들의 언어는 자신의 의견을 먼저 제시해 상대방이 그에 맞는 말만 하도록 내버려두지 않는다. 언어 자본이 풍부한 사람들은 상대방이 가진 정보를 제대로 얻어내기 위해 **먼저 듣고 나중에 말하는 상호 존중과 신뢰의 언어를 구사한다.**

　　　　　　　　　　내 인생아 흥해라

7장

가치 자본

정경숙 작가

'세상을 아름답게, 삶을 행복하게'라는 코칭 철학과 함께
코치로서 높은 사명감을 가지고
한국코치협회(KSC)와 국제코칭연맹 ICF(PCC) 코치 및
인성코칭강사, 갤럽 강점코치로 활동하고 있다.
감사함과 행복을 가치로 삼는 긍정 마인드의 열정 우먼이자
문학심리상담사로서 꾸준히 아름다운 감성 시 창작 활동 및
명상과 독서에 집중하고 있다.
저서로 공저 『감사로 코칭하라』와 시집 『무심에서 감성으로』가 있다.
본서에서는 「가치 자본」을 집필했다.

01

한 인간이 남길 수 있는 것

사람들은 모두 다른 모습으로 하루를 시작한다. 이는 각자의 가치관이 다르기 때문이다. 예를 들면 지하철을 탈 때에도 저마다의 가치관에 따라 다르게 행동한다. 저 멀리 전철이 들어오고 있는 소리에 반응하면서 뛰어가는 사람도 있는가 하면 천천히 자기의 스페이스를 유지하면서 '이번 열차를 못 탈망정 모양 빠지게 달릴 수는 없지'라며 중후하게 걸어가는 사람도 있다. 전철 안에서는 또 어떤가? 목적지까지 가는 동안 눈을 감고 있는 사람, 책을 읽는 사람, 핸드폰 확인하는 사람, 시간을 아끼며 영어 회화 수업을 듣는 사람, 드라마를 보는 사람, 대화를 주고받는 사람 등 다양한 모습이다.

왜 그럴까? 사람마다 삶의 목적과 가치관이 다르기 때문이다. '인생 뭐 별거 있나?' 하면서 대충 살면 된다고 하는 이가 있는가 하면, 하루하루 시간을 아껴가면서 애타게 열심히 살아가는 사람도 있다.

이렇게 살든 저렇게 살든 인간은 언젠가 죽는다. 사람은 죽고 나서 그 이름을 남긴다. **그 사람이 죽은 후에, 그때서야 사람들은 그의 가치를 깨닫는다.** 그는 무엇을 남긴 것일까? 어떤 이는 돈을 남기고, 어떤 이는 나라를 구한 애국심과 충정을 남기고, 어떤 이는 나라를 팔아먹고 제 이름을 더럽힌다. 일생동안 돈, 돈 하다가 죽은 사람, 일생동안 명예를 귀하게 여겨 구차하게 살지 않고 정정당당하게 살아간 사람, 가족과 함께 단란한 가정을 꾸린 사람, 외롭지만 자유롭게 여행을 즐긴 사람 등 각자의 가치관에 따른 삶이 있다.

마음을 적시는 감동의 가치

재작년 어느 송년회 자리에서의 일이다. 하나의 프로젝트를 무사히 끝낸 팀원들이 짧은 시간이지만 송년회를 위해 열심히 수화를 배웠다. 드디어 무대에 선 날, 우리들을 바라보고 있는 관객들과 눈이 마주치자 더 잘해야겠다는 생각에 심호흡을 했다. 하지만 많은 눈길이 쳐다보는 무대에서 노래와 수화를 함께 하려니 마음이 바빠지고 가슴이 쿵쾅거렸다. '당신은 사랑받기 위해 태어난 사람' 노래 도중에 노랫말에 울컥했다.

　아직도 내 가슴에 남아 있는 나만의 아름다운 순간, 노랫소리와 수화로 무대와 객석이 한마음이 된 그 순간 우리에게 깊은 감동이 물결쳤다. 어설픈 연습임에도 이토록 마음을 적시는 건 가사와 수화가 주는 진심 때문인가 한다. **늘 못났다고 생각하고 남과 비교하며 자신을 비하하며 살아온 우리에게 사랑받기 위해 태어난 사람이라는 가사의 의미란!** 그날의 감동이 아름다운 가치로 내 마음에 각인되었다.

　무엇이 가치인가? **가치란 그 사람이 가장 중요시하는 인생의 절대 기준이다.** 어떤 사람은 많은 돈을 벌어서 어린 시절의 가난의 수치를 걷어내고 싶어 하고, 어떤 사람은 명예로운 자리에 올라 과거의 수치를 씻어내고 이름을 빛내고 싶어 한다. 또 어떤 이들은 자기 영역에서 전문가가 되려 한다.

　어린 시절의 경험이나 자극받은 환경으로부터 자신만의 목적을 갖고 그걸 이루고자 하며 가치 영역이 정해진다. 이 밖에도 보이지 않는 가치를 하나의 신념으로 삼고 살아가는 이들도 있다. 기독교의 십계명을 목숨처럼 지키며 살아가는 분들도 있고, 불교의 오계를 계율로 받드는 부처님의 제자들도 있다. 남들이 뭐라 하든 간에 이것만큼은 지킨다는 성스러운 수계(守戒)가 그들에게는 최고의 가치일 것이다.

나를 바쳐 만인을 살리는 가치

어느 전쟁터에서 일어난 일이다. 전세는 불리해졌고 적군이 승기(勝機)를 잡았다. 성안의 시민들은 모두 파랗게 질려 벌벌 떨었다. 곧 성은 함락되고 사람들은 죽임을 당하거나 포로로 끌려갈 것이다. 그때 적국의 왕은 은혜를 베풀어주겠다며 한 가지 제안을 했다.

"너희 나라의 최고 지도자 5명이 내일 광장에 나와 목숨을 내놓으면 더 이상 어떤 요구도 하지 않고 물러나겠다."

이에 반색한 시민들은 과연 어떤 양반이 제 목숨을 내놓아 우리를 구원해줄까 궁금해 주위를 두리번거렸다. 그때 5명의 귀족이 앞다투어 나섰다.

"내 목숨을 내놓겠소!"

"내 목숨을 내놓겠소!"

이들의 가치는 무엇이었을까? 나를 버려 많은 이들의 생명을 구하겠다는 숭고한 결단이다. 사람들이 행복하기를 바라는 아름다운 희생이다. **나 하나의 희생으로 인해 더 안전해지기를, 더 행복해지기를 바라는 마음 자체가 고도의 명예로운 의식 수준이요 지고한 가치**라 할 수 있다.

이야기는 이렇게 이어진다. 5명의 귀족은 다음 날 모두 죽으러 나왔을까? 아니다. 딱 4명이 나타났다. 시민들과 4명의 귀족은 '비겁하게도 그 인간이 제 목숨을 건지려고 몰래 도망쳤구나!' 하고 그 집으로 달려가보았다. 그랬더니 그는 이미 목매달아 죽어 있었다! 혹시 자기가 5명 안에 못 들까 미리 목을 매달았다. 이 소식을 들은 적국의 왕은 귀족의 의로운 죽음에 감동받아 그 자리에서 군사를 돌려 그대로 자기 나라로 돌아갔다.

한 사람의 가치를 빛나게 하는 덕목들

한 인간이 남길 수 있는 것은 무엇인가? 100년도 안 되는 단기간을 살다 죽는 인간이 무엇을 남기겠는가? 그래도 어떤 사람은 그의 온 인생을 한 가지 발명에 목숨을 걸기도 하고 어떤 사람은 자기의 직업에 정성을 기울여 그 분야의 명인이 되기도 한다. 한 인간이 남길 수 있는 것은 그의 일부가 아니라 그의 전부다. 그저 밥과 옷과 일상에 빠져 정신을 팔다가 세상을 마감한다면 참으로 부끄럽지 않을까? 무엇을 입을까, 무엇을 먹을까, 날마다 근심하다 어느 날 문득 죽어버린다면 한 마리 벌레와 무엇이 다르겠는가! 서민들이야 하루하루 먹고살기 바빠서 돈 때문에 억지로 직장에 나간다 해도, 나이 들어 죽음이 곧 다가온다는 사실을 사색해보면 과연 무엇을 남길 수 있을지!

당신의 가치는 무엇인가? 당신 내면의 밑바닥에 깔린 핵심 가치

내 인생아 흥해라

를 찾아보라. 핵심 가치란 우리가 의사결정을 할 때 기준이 되는 것이 핵심 가치다. 깊숙한 내면에 존재하는 가치를 찾아내면 삶이 좀 더 명확해진다.

9가지로 나누어지는 성격 검사인 **애니어그램에는 각 번호마다 그의 삶을 빛나게 하는 특징이 있다.** 예를 들면 1번은 개혁가, 2번은 조력자, 3번은 성취가, 4번은 예술가, 5번은 탐구자, 6번은 충성가, 7번은 열정가, 8번은 도전가, 9번은 화합가다.

도전, 성취, 변화, 겸손, 공정, 헌신, 공동체 기여, 명성, 열정, 봉사, 자유, 부, 미, 자신감, 공감, 성공, 호기심, 성장, 건강, 정직의 가치들을 보라. 이 중에서 가장 마음에 드는 **가치를 2가지만 정해보라. 그 가치를 위해 최선을 다할 수 있다면 그것이 우리가 정진해야 할 덕목이요 미덕**이다.

내가 가진 나만의 덕목을 찾아내는 방법으로 한 권의 책을 추천해본다. 비싸긴 하지만 '위대한 나의 발견·강점혁명'이라는 부제가 붙어 있는 책 『스트렝스 파인더 2.0(STRENGTHS FINDER 2.0)』이다. 타고난 나의 강점을 발견할 수 있게 돕는 책이다. **행복해지려면 강점을 찾아야 한다.**

내 안에 숨은 나의 강점을 찾아내는 일은 내가 우선시할 가치를 찾는 데 필요하다. 진단에는 책에 실린 개별 접속 코드가 필요하며 진단 시간은 30분 정도인데 진단이 끝나면 바로 나의 강점 5가지가 분명하게 드러난다. 그리고 그 강점에 대한 자세한 설명과 안내를 책에서 찾아 읽어볼 수 있다. 내가 가진 우수한 특성을 알아보며 **나의 가치를 인식하면 나의 강점이 더 돋보이는 쪽으로 노력하게 된다. 그 결과 강점은 더욱 빛나게 되고, 사회에 기여하는 사람으로 성장할 수 있다.**

사람마다 환경이 다르고 가진 것이 다르지만 삶에 대한 가치는 미덕으로 가득 채울 수 있다. 평생을 봉사와 희생으로 살아가는 분들도 있고 평생 도전하며 새로운 영역을 개척하는 기업인들도 있다. 따뜻이 공감해주고 수용해주는 상담가로서 살아가는 분들도 있고 BTS처럼 명성을 휘날리며 세계 속에 우리 문화를 펼치는 이들도 있다. 공정한 세상 만들기에 몰두하는 정치인들도 있다.

한 인간이 남길 수 있는 것은 단지 돈이나 재산에 그치는 게 아니라 **그가 주력했고 마음 다해 깊이 몰두했던 일이다.** 아니, 일을 통해 쌓아올린 그의 정신적 강인함이다. 아니, **그가 있음으로써 따뜻했던 아름다운 미덕들이다. 생활 속에서 주위에 나누었던 아름다운 생명의 불꽃들이다.**

내 인생아 흥해라

02

정신적인 가치가 진짜 재산이다

한 교수가 1만 달러짜리 지폐를 일부러 구겼다. 그리고 학생들에게 물었다.

"이 지폐는 이제 얼마짜리일까요? 구겨졌으니 1만 달러가 5천 달러가 되었나요?"

학생들이 일제히 대답했다.

"아뇨! 구겨진 돈이라 해도 가치는 그대로 1만 달러입니다."

무슨 일을 해도 잘 안되고 실패를 거듭한다면 자신감이 추락하고 마음은 한없는 고통 속에 빠진다. 때로는 이 세상이 원망스러워 죽고 싶어진다. 하지만 그 실패는 사업의 실패지, 나의 실패는 아니다. 사업은 잘될 수도 있고 안될 수도 있다. 언제나 그렇듯이 성공과 실패는 있을 수 있다. 실패할 때마다 죽음을 생각하고 좌절할 필요는 없다. 모든 실패는 방법이 좋지 않았거나 때가 좋지 않아서다. 여건이 좋지 않았을 수도 있다. 그 외에 여러 원인이 있겠지만 어쨌든 **실패는 아직 그 분야에 공부가 부족하니 더 배우고 공부하라는 하늘의 뜻일 것이다.**

언제나 자신과 상황을 분리하자. **존재와 현재 상황을 동일시하지 마라.** 상황이 변해도 존재는 변하지 않는다. 내가 **시험에 떨어졌든 사업에 실패했든, 또는 힘든 사회에서 좌절감에 빠졌다 해도 그의 가치는 그대로다.**

혹 우울증에 빠질 때 한없이 위축되어 자신이 개미처럼 작게 느껴진다 해도 여전히 그의 가치는 그대로다. 내 상황이 어떤 식으로 구겨졌든 간에 내 가치는 여전하다. 내 머리에서는 '이러니 아니다, 저러니 아니다'라고 계속 징징대겠지만 그래도 당신의 가치는 여전하다. 다만 지금 상황이 좀 괴로운 것뿐이다.

존재와 현재 상황을 동일시하지 마라

모든 인간에게는 존엄한 가치가 있고 행복 추구의 권리가 있다. 기본적인 존재 가치가 있기에 상황 변화는 상관없다. **본연의 가치는 흔들리지 않는다. 당신은 언제나 위대한 인류의 한 일원이며 소중한 존재다.** 누가 뭐라고 해도 한 어머니의 사랑과 희생으로 자라난 소중한 존재다.

노력하면 지금의 상황을 바꿀 수 있다. 현재와 미래에 잘살기 위해 노력할 수 있다. 그렇게 노력하고 애써 이룩한 성과들이 금메달로 목에 주렁주렁 걸렸을 때 잠시 우리는 내 가치가 올라갔다고 기뻐하고 저절로 목에 힘이 들어간다. 이럴 때도 성과와 자신을 동일시하면 안 된다. 성과란 건 내가 어떤 조건을 만들었더니 거기에 따른 결과가 온 것뿐이다. 조건에 따른 결과다. 물론 내가 열심히 노력하여 얻은 것은 보람되고 뿌듯하다. 다시 말하지만 내가 성공하든 아니든 내 가치는 그대로다. **우리는 때로 성공하고 때로 실패할 수 있다. 성공과 실패에 관계없이 고유한 가치에는 변함이 없다.**

성공과 실패라는 잣대로 사람을 평가하지 마라. 진짜 보석은 그 사람 안에 있다. 그 보석은 무엇일까? 그것이 바로 한 인간이 남길 수 있는 것이다. 흔히 아이들을 교육할 때 부모가 말보다는 행동으로 살아가면서 삶을 보여주면 된다고 한다. 책 읽는 아이로 키우고 싶다면 부모가 책을 읽으면 되고, 운동하는 아이로 기르고 싶다면 부모가 운동을 시작하면 된다. 삶으로 가르치는 것이다. 입으로 가르치면 잘 잊지만, 삶으로 본을 보여주면 그대로 따라 한다.

삶으로서 보여준 게 진짜 그 사람이 우리에게 남긴 가치다. 어떤 이들은 우리 역사의 어두운 시절인 일제 강점기 시기에 학교를 세워 인재를 키웠고, 어떤 이들은 6·25 전쟁 무렵 고아원을 설립하여 수많은 고아들을 수용했다. 아이들은 이런 어른들의 모습에서 배려와 사랑을 배운다. 한 **인간이 남길 수 있는 것은 그 사람의 삶이다. 말보다 더 진중하게 다가오는 게 그의 삶 전체로 전해주는 가치다.**

영원한 희생과 사랑인 엄마라는 이름

나는 어머니를 아직도 엄마라고 부른다. 엄마라는 단어는 나이가 든 **지금도 그냥 사랑 그 자체다.** 힘들고 몸이 아파도 언제나 자식을 위한 희생으로 살아가는 모습! 사랑의 빛깔을 띤 옷이 엄마의 몸을 두르고 있는 듯하다. 무엇이든 좋은 것이 있으면 하나라도 더 주고 싶은 마음, 엄마는 존재하는 자체만으로도 자식들에게 정신적으로 큰 위안이고 빛나는 선물이다. 바라만 보아도 그냥 미소는 절로 나온다.

아플 때 전화로 엄마 목소리를 들으면 빨리 나아야겠다는 생각이 든다. **엄마의 목소리는 최고의 처방전**이다. 엄마 당신의 몸은 정작 아프시면서도 않으나 서나 어떤 상황에서든 가족, 친척, 손자, 손녀 모두를 걱정하시느라 바쁘시다. 엄마의 극진한 정성과 사랑, 그리고 젊으셨던 아름다운 삶을 존중합니다.

엄마의 자리는 무엇과도 바꿀 수 없다. 슬픈 TV 드라마를 볼 때면 눈시울을 적시며 드라마 주인공과 함께 감정을 나누며 사람들의 아픔에 공감하신다. 엄마의 그런 모습을 볼 때면 눈물이 많은 나도 어쩔 줄 몰라 한다. 내 마음을 열어준 엄마가 행복하시길, 엄마의 인생의 행복을 힘껏 응원한다. 한 여자는 연약하나 어머니는 강하다. 모든 것을 내어주고 또 끝없이 희생한다. 늘 자식이 잘되기를 바라고 이 사회에서 역할을 다하며 인정받기를 바라신다. 내 자식이 인생의 승자가 되어 행복한 삶을 꾸리기를 기도하신다.

엄마의 따뜻한 손
평생을 보듬어주셨던 손
지금은 주름잡힌 손
주름 속에
엄마 사랑이 선명하다.

- 정경숙, 「엄마의 손」

강인한 정신력은 최강의 무기

인생의 승자가 되기 위해서는 불굴의 정신으로 다시, 또다시 도전하는 정신력을 기르고 불행에도 넘어지지 않는 내공을 길러야 한다. 내공이 있는 이들은 망해도 금방 다시 일어난다. 내공이 약한 이는 한번 망하면 그 길로 다시 재기하기가 어렵다. 그러므로 **삶의 최대 가치는 강인한 정신력이다.** 참고 인내하는 습관은 어렵고 복잡한 인생의 강을 잘 건널 때 도움이 되는 강력한 무기다.

우리 선조들이 가난과 전쟁에 시달리면서도 꿋꿋하게 나라를 지킨 저력은 역시 참고 견디는 인내력이다. 비록 수없는 침략과 전쟁에 시달렸지만, 다시 일어나 내일을 위해 삶을 가꾸며 준비하는 불굴의 정신력으로 나라를 재건했다. 6·25 전쟁 때 폐허가 되었던 이 나라를 세계 10대 무역 강국으로 우뚝 서게 만든 건 바로, 선조들이 지닌 하면 된다는 정신력의 결과다! 그때 좌절하고 무너졌다면 오늘날 우리나라는 아프리카의 최빈국 나라와 비슷한 경제 상황일지도 모른다.

만약 우리 조상님 중 한 분이 삶이 고달프다고 자살했다면 지금의 나는 존재하지 않았을지 모른다. 참고 견디며 생을 악착같이 살아냈기에 내가 세상 빛을 본 것이다. 참으로 감사한 일이다. 이처럼 **어떠한 외부의 상황에도 흔들리지 않는 내면의 강력한 힘을 기르는 것이 진짜 재산을 만드는 길이다.**

직장에서 견디기 힘들 때, 사회에서 인간관계가 힘들 때 그 사람이나 자신을 비난하지 않고 해결책을 찾으며 적응하려고 애쓰는 그 자체가 정신력이다. 이처럼 **노력하는 자세가 바로 진짜 재산이요, 정신적인 가치**라 할 수 있다.

내 인생아 흥해라

인품을 완성하는 미덕의 가치

인생을 살아가면서 나의 고민은 어떻게 살아야 좋은 삶인가, 어떻게 살아야 행복한 삶일까, 무엇을 해야 가치 있는 삶일까 하는 것이었다. 물론 현재보다 더 나은 환경을 만들기 위해 애쓰는 게 우선적인 목표이긴 하다. 일단 경제적으로나 심리적으로나 안정되어야 한다. 모든 게 안정된 후에는 어떻게 살아가는 게 가치가 있는가?

만약 이 세상에 나 혼자 산다면 좀 이기적으로 살아도 된다. 남이야 어찌 되든 말든 나뿐이라면 배려나 인품이라는 말이 필요 없다. **주위에 사람들이 있으니 그와 나를 위해 먼저 인품을 갖춰야 한다.** 한 사람이 갖춘 미덕을 알아보려면 먼저 그의 삶은 어떠했는지, 그의 인품은 어떠한지, 어떤 생각을 하는 사람인지를 이해해야 한다.

우리나라의 1960~1970년대 비약적인 경제발전의 주역이 주부들이라면 믿을 수 있을까? 팍팍한 삶 가운데에서 최선을 다해 절약하며 대가족 속에서 아이들을 키워내고 살림을 척척 해낸 주부들의 봉사와 근검절약 정신은 놀랄 만하다. 주부들의 이런 생활력은 우리 사회를 잘살게 이끌어온 저력이기도 하다. 또 생활 전선에서 가족을 위해 직장에서 꾸준하게 일하며 가족을 먹여 살린 가장의 희생과 배려도 아름다운 덕(德)이다.

사회 속에서 가장 우선되어야 할 가치는 '배려'다. 어떤 일이든 원활한 진행을 위한 배려는 기본이다. 부서와 부서의 일들이 이어져 서로 협업해야 하는 직장에는 필수적이다. 내 부서만 생각하고 상대를 존중하지 않는다면 갈등이 생긴다. 이런 갈등 상황을 중재하는 사람의 언행에서도 인품이 드러난다. 우리 편 입장에서 원하는 걸 주장한다면 타협이 되지 않는다. 상대 입장도 이해하며 우리의 주장을 내세울 때 원만한 조정이 이루어진다. 잘되는 기업은 전체의 유익을 조망하며 일하는 인재들의 배려 문화가 사내 분위기로 정착되어 있다.

국제 관계도 마찬가지다. 중국과 우리의 갈등 상황을 살펴보자. 중국은 대한민국의 눈부신 경제발전과 문화 강국으로 성장하는 모습에 질투와 경외심을 갖는 한편 은근히 두려워한다. 한국의 새마을 운동을 도입하여 중국 역시 엄청난 경제성장을 이뤘지만, 여전히 '중화사상'이라는 매우 자기중심적인 우월감으로 다른 나라를 내려다본다. 한국이 더욱 진취적인 발전을 하고 언젠가 남북통

내 인생아 흥해라

일로 연변의 조선족 영역까지 지리적 영토를 넓힐까 초조한 것 같다. 그래서일까, 동북공정으로 한강 이북까지는 중국의 땅이었다고 역사 왜곡을 일삼는다. 한복을 자기 나라 옷이라 주장해서 국제적인 비웃음을 사기도 한다. 조금 부자가 되었다 해서 힘으로 이웃 나라를 이기려고 하기보다는 배려의 미덕을 발휘해야 오래간다.

모름지기 강한 자는 강함으로 망한다. 마치 잘난 척 곧은 나무는 태풍에 꺾이되 수양버들은 부드럽게 하늘거려도 부러지지 않는 것과 같다. 더불어 함께 잘 살아가려는 정신을 가진 한국은 아름다운 문화 강국이자 최고의 선진국임에 틀림이 없다.

얼마 전 버스를 탔을 때 겪은 일이다. 정류장에 닿자마자 승객들이 우르르 내리려고 했다. 순간 한꺼번에 내리다가 사고가 나면 어쩌나 걱정이 되었다. 이때 기사님은 보행자 도로에 바로 닿을 만큼 버스를 최대한 가까이 대어주셨다. 다행히 승객들은 안전하고 편안하게 하차할 수 있었다. 승객들이 안전하게 내릴 수 있도록 배려해주신 기사님에게 마음 가득 감사함을 느꼈다. 참 멋진 분이다. 이렇게 사소한 배려의 문화를 베푸는 사회는 참으로 따뜻하다. 이런 시민들이 많은 국가는 사회의 역량이 튼튼하고 살기 좋은 나라임에 틀림없다.

미덕이 담긴 최강의 문화상품, 대장금

세계인들이 열광한 드라마 '대장금'은 지금도 지구 어딘가에서 방영 중이라 한다. 한국은 고유한 정신문화유산을 갖고 있다. 한국의 드라마나 영화가 세계적으로 유명해지는 이유 중의 하나가 그 속에 수많은 미덕이 담겨 있기 때문이다. 드라마가 롱런하는 이유 역시 그 안에 **효성과 우정, 스승에 대한 존경, 임금에 대한 충성심, 가족에 대한 사랑과 연인에 대한 배려 같은 미덕들이 녹아 있기 때문**이다. 앞으로는 거대한 국토나 엄청난 부를 이룬 나라보다 아름다운 문화와 미덕을 갖춘 나라가 세계적인 문화 강국으로 우뚝 설 것이다.

두 번째로 손꼽는 미덕은 '겸손'이다. 무엇보다도 직장은 팀워크과 함께 존재하는 조직이다. 직장 동료나 선후배 사이에 겸손한 태도로 배우고 이끌어주면 좋은 시너지를 낼 수 있다. 실적을 많이 냈다고 해서 우쭐하는 모습보다, 동료의 배려와 주위 도움의 덕으로 돌리는 겸손의 미덕은 얼마나 아름다운가. 이렇게 말한다고 해서 그의 노력과 열정이 희석되는 게 아니다. 겸손은 관계를 더욱 부드럽게 만들어줄 뿐만 아니라 교만하지 않고 다음 일정에 더욱 차분하게 임할 수 있도록 한다.

관계의 기본자세는 무엇일까? 남에게 피해를 주면 안 된다는 원칙이다. 남에게 폐를 끼치는 이들은 자기가 어떤 행동을 했는지 잘 모른다. 무심코 한 말에 상처받는 타인이 있다는 걸 인지한다면 언행을 조심한다. 무심코 하는 행동이 타인에게 도움이 되는지, 아니면 해가 되는지 적확한 판단이 안 될 때도 있다. 그때는 반대로 생각해보자. 내가 싫어하는 행동은 상대에게도 하면 안 된다는 원칙을 생각하자. 아주 간단하다. 서로의 배려로 분위기 좋은 직장에서 근무하는 즐거움은 원만한 직장 생활에 빼놓을 수 없는 요소다. 기업의 실적도 이처럼 보이지 않는 미덕이 뒷받침될 때 더욱 빛을 발한다.

긴 인생길에 힘이 되는 우정

나에게는 함께 있으면 대화만으로도 피로가 회복되는 좋은 친구가 있다. 그의 존재에 늘 감사하면서 우정을 이어가고 있다. 자주 만나지 못하는 대신에 전화로 만남 이상의 대화와 수다를 떤다. 이야기를 나누며 서로 공감해주고 때로는 격려와 위안을 주고받는다. 재미있는 이야기를 할 때는 웃느라 서로 말을 잇지 못하기도 한다. 소소한 대화로 즐겁게 웃을 수 있는 좋은 친구가 있다는 것은 행복이라는 담요를 온몸에 두르고 있는 것과 같다. 그 시간이 매우 즐겁고 편안하여 순간순간 정겨움이 가득하니 몸에 좋은 엔돌핀이 뿜어져 나오는 듯 건강한 에너지가 충전된다.

이는 **진정한 겸손과 배려의 마음이 깃든 우정의 힘이다.** 무엇으로도 바꿀 수 없는 소중한 존재의 **우정은 최고로 좋은 보약**이다. 우정의 대화는 이해, 공감, 배려, 도움, 위로 등 이 모든 재료가 섞인 맛난 비빔밥이다.

자기 사랑이 만드는 내적 품격

덧붙여 '자기 사랑'이라는 가치를 말하고 싶다. 먼저 나를 기분 좋게 해주려고 한다. 나에게 종종 선물을 주고 칭찬의 편지도 써준다. 사랑한다고, 고맙다고, 수고했다고, 잘했다고 한다. 나를 기분 좋게 해주면 기쁨이 더욱 빛난다. 혹 실수했을 때도 자학하지 않고 '괜찮아, 더 연습하면 돼, 새로운 기회에는 얼마나 좋은 일이 올지 몰라' 하고 오히려 기대하는 마음으로 바꾼다. 그러면 자연히 기분이 좋아진다. 먼저 기분 좋게 해주면 자기 스스로 사랑할 수 있다.

자신을 사랑하면 배려와 겸손은 그냥 마음에서 자연적으로 우러난다. 먼저 자신을 사랑할 수 있어야 남에게 사랑을 줄 수 있다. 삶 속에서 사랑하고 사랑받는 것은 우리가 가장 원하는 행복이다. 누군가 사랑해주기를 바라기 전에 내가 나에게 사랑을 보낸다. 결국 가장 차원 높은 가치는 자기 사랑으로부터 우러나오는 깊은 우호의 마음이 아닌가 한다.

검소했던 다산의 인품

다산 정약용은 다음과 같은 말로 제자들의 삶에 새로운 가치의 빛을 더해주었다.

"조금 부족해도 삶의 여유를 가꿔야 인품이 깊어지고 삶의 질이 올라간다. 절대 작은 이익에 목숨 걸지 말고 생활 속에 정서와 무늬를 깃들이도록 해라."

강진이라는 시골에 사는 제자들의 가난과 학구열에 다산 선생이 위로해준 말이다. 제자들에게 한 말 중에 '작은 이익에 목숨 걸지 말고…'라는 말이 특히 마음에 든다. 작은 이익에 목숨을 걸면 바르게 살기 힘들어진다. 몸과 마음이 어지러워진다. 요즘 사람들은 돈에 걸신들린 듯 뛰어다닌다. 물론 돈은 필요하고 벌어야 한다. 하지만 지나치게 인생의 최우선 순위에 두면 몇 푼의 돈만 남은 채 좋은 사람들이 떠나버릴 수 있다. 돈은 있는데 외로운 삶이라면 껍질만 남는다. 돈도 결국 함께 행복해지기 위해서 벌어야 하는 수단일 뿐이다. 가족과 함께 행복한 생활을 하려고 버는 돈이다. 목적은 돈이 아니라 가정의 행복이다.

다산은 삶의 여유를 설파하고 있다. **생활 속에서 풍부한 정서는 감정과 생각을 나누는 좋은 벗이 있어야 가능하다.** 다산의 말에서 겸손과 배려, 그리고 사랑으로 살아가는 모습을 고스란히 느낄 수 있다. 산골의 가난한 제자들과 함께 농사를 짓고 한학을 가르치며 몸소 먹을거리를 생산한 걸 보면 얼마나 소박한 성품인지 알 수 있다.

인생은 미덕 쌓기다

　인생은 무어라 해도 미덕 쌓기의 과정이다. 모든 종교의 지향점 역시 자비심의 계발이자 드넓은 사랑의 마음 갖추기다. 무엇을 하든 마음을 하늘처럼 확장하기 위해 살아야 한다. 현실의 발전을 위해 열심히 살되 나와 남을 이해하고 사랑하며 인품을 완성해나가야 아름다운 삶, 후회 없는 삶이 되리라.

　인품을 완성하는 가치는 바로 '사랑'이라 할 수 있다. 왜냐하면 **사랑하는 마음이 있으면 저절로 주위를 배려하고 공감하고 지원하기 때문**이다.

04

자기 자신을 이긴다는 것

이 질문을 해본다. 나를 이긴다는 것은 뭘까? 바쁜 현대를 살아가면서 자기를 이겨야 한다는 것은 게을러지기 쉬운 몸과 흐트러지기 쉬운 마음을 다잡는 게 아닐까.

우선 이 글을 쓰고 있는 지금은 조금씩 추워지는 계절의 여왕 가을이다. 올해는 추위가 조금 일찍 찾아왔다. 겨울과 여름만 있고 봄, 가을은 실종되었다. 사계절이 뚜렷했던 날들이 그리워질 지경이다. 그러고 보니 나에게도 감성적인 면이 있나 보다. 봄, 가을은 1년 중에도 충전의 계절이다. 겨울에 움츠러들었던 마음과 여름의 더위에 늘어졌던 마음이 이 계절에 위로와 평안을 얻으며 에너지가 업그레이드된다. 문득 이런 노래 가사가 생각난다.

"전화기 충전은 잘도 하면서 내 삶은 충전하지 못하고 사네."

이 가사에는 자신을 배려하는 마음이 담겨 있다. 무심하게 지나친 나에게 깨어서 몸과 마음을 잘 살펴보라고 살짝 말해준다. 어디 고장 난 곳은 없는지, 불편한 곳은 어디인지 몸과 마음을 돌보아야 한다. 아프면 빨리 병원에 가야 하는데 뭐 그리 중요한 일이 있다고 차일피일 미룬다. 일터에서 몸이 아프다고 하면 꾀병이나 일을 회피하기 위한 핑계로 들을까 걱정했다. 그러니 아프다고 말도 못 하고 끙끙 앓기도 했다. 먼저 내 몸을 건강하게 유지하고 마음을 평온하게 하는 것이 삶의 기본인데 말이다.

나를 이긴다는 건 감정으로 결정하지 않는 것

나 자신을 이긴다는 것은 어떤 마음일까? **순간적인 감정에 이끌려 나에게 해가 되는 언행을 하지 않는다**는 뜻이다. 내 감정대로 하고 싶은 말을 내지르고 후회하기보다는 잠시 화를 참고 표현하지 않아야 할 때가 많다. 분노의 말을 뿜어내기 전에 하나, 둘, 셋, 넷 숫자를 헤아린다. 자기 호흡을 관찰하는 힘으로 자기 조절이 가능한 사람은 자신을 믿는다.

내가 나를 믿는다는 것은 가족을 나로 본다는 말이다! 나를 믿는다는 것은 내가 나를 배신하지 않는다는 말이다. **나에게 좋은 일을 만들어주기 위해 노력한다는 말이다. 나를 이긴다는 말은 나와의 약속을 지킨다는 뜻이다.** 다른 사람이 보내는 믿음보다 더 마음을 단단하게 한다. 마음에서 신뢰의 호르몬이 나오니 이 또한 자신에 대한 가장 큰 배려가 아닐 수 없다.

내 마음속을 관리하는 방법

먼저 내가 바로 서야 한다. 내 마음의 평온을 찾기 위해 **마음속 불만과 분노를 잘 처리하는 일이다.** 누구나 살면서 마음에 화가 일어나고 분노가 치솟기도 한다. 이럴 때 어떤 마음으로 내 마음을 바로 세울까?

심리학을 전공한 이주현 작가는 저서 『성공을 만드는 1%의 차이』에서 이렇게 권한다. '마음속 때를 벗기기 위해 혼자 있을 때 욕을 하라'라고. 아무도 없을 때 나를 화나게 한 그 사람을 실컷 욕하는 건 정신건강에 매우 좋다. 세월호 사건 때 학생들의 상담을 맡았던 상담교사 이주영 선생 역시 학생 상담으로 너무너무 지치고 힘들어 혼자 있을 때면 저절로 욕이 나오면서 분노의 마음을 해소하곤 했다고 한다.

한국인은 분노가 많다. 화병도 많다. 조선시대부터 머릿속에 자리한 유교의 사고방식은 현대인에게 맞지 않는 게 많이 있다. 그러다 보니 현실과 부딪친다. 마음에 없는 행동을 억지로 하며 스트레스를 받는다. 이때 답답한 속내를 말로나 글로 풀어내면 좋다. 말과 글은 마음의 먼지를 쓸어내는 감정의 배출구가 된다. **나를**

배려하는 것은 내 마음속을 관리하는 일이다. 자주 몸과 마음을 들여다보고 깨끗하게 닦으며 행복을 만들자.

운동으로 스트레스를 푸는 것도 좋다. 매일 스쿼트를 하는 시간을 하루 10분씩이라도 지키려고 한다. 인내가 필요한 대목이고 하루 10분도 시간을 내기 힘들지만 나를 믿고 하다 보니 근육은 물론 내면의 힘이 강해지는 시간이 되었다.

나를 격려하며 안아주기

나는 은은한 미소를 좋아한다. 미소도 나를 사랑하는 미덕의 일종이다. 그러려면 **나를 너그러이 바라봐주고 한결같은 마음으로 자신을 대해야 한다. 일상의 작은 일에서도 실패했다고 비난하지 않고 '다시 해봐!'라고 격려한다.** 더 잘해야 한다고 자신을 채찍질하지 않고 '조금만 더 해봐!'라고 말한다. 이렇게 비난하지 않는 마음의 자세는 계속 도전하고자 하는 의욕을 북돋아준다. 도전할 수 있도록 든든하게 받쳐준다. 마음이 단단해야 어떤 힘든 일도 시련도 이겨낼 수 있다. 사소한 것이라도 **나에게 주는 사랑과 지원의 가치는 그 어느 것보다도 값어치가 있다.** 마음이 평온하고 허용의 기쁨이 주렁주렁 열리는 순간 몸도 마음도 젊어지고 하는 일도 열정적으로 할 수 있다. 매일의 일상이 도전과 행복이 된다면 이것이

내 인생아 흥해라

야말로 자기 자신을 이기는 것이 아닌가.

행복은 그 누가 만들어주지 않는다. **행복은 그야말로 내가 만들어가는 것이다.** 가끔 나를 비하하고 현재 상황을 비관하며 나약해지려고 할 때마다 나에게 이렇게 말해준다.

"정신 차려! 긍정적인 마음가짐을 유지해야 돼!"

"현재 상황을 타개하려면 어떻게 해야 하는지 연구하자."

"슬퍼하지 말고 다음을 계획하자."

"놀기 좋아하는 악습을 개선하고 일하는 시간을 만들자."

"인생도 전략이다. 하면 된다."

"포기하지 말고 끝까지 가보자. 이 언덕만 넘어가보자."

"현재의 가치를 알고 시간을 알차게 보내자."

"내 인생의 승패는 내가 만드는 것이다."

"진짜 행복은 화려한 환경이 아니라 날마다 변화하고 성장하는 나를 느끼는 거야!"

나를 이긴다는 것은 세상의 **모든 유혹을 이기고 그 순간에 해야 할 일을 해내는 주인공의 마인드다! 지금 해야 할 일을 해내는 것은 정신력이 살아 있는 운명 개척자의 자세다.** 단 몇 초만 견디면 되는데 그만 놓아버리기 일쑤라면 어떡할 것인가. 호랑이에게 물려 가도 정신만 차리면 산다고 했다. 어려울수록 침착해야 한다. 지금 무엇을 할지, 무엇을 할 수 있을지 연구하고 결정해야 한다. 넋을 놓고 있다가는 당한다. 미래는 늘 불확실하다. 불확실한 미래를 안전하게 만들기 위해 나에게 무엇이 필요한지, 지금 무엇을 해야 할지 생각해야 한다. 비가 온다고 안 하고, 주말이라고 안 하고, 안 할 핑계는 수없이 많다.

나를 이기는 것은 나를 사랑해야 나오는 힘이다. 자기 사랑의 토대 위에 견디는 힘을 기른 사람은 천하무적이 된다. 자신을 사랑하는 사람은 늘 준비한다. 자신의 빛나는 미래를!

내 인생아 흥해라

최고의 가치는 무엇인가?

미국의 전설적인 권투 영웅 조지 포먼은 엄청난 신체 능력을 자랑하는 헤비급 프로 복서다. 하지만 그에게도 시련이 있었다. 복싱 역사상 최고의 경기이자 세기의 대결인 무하마드 알리와의 대전에서 KO패를 당했다. 포먼은 그날의 충격으로 24세 나이에 은퇴하고 말았다.

그는 은퇴 이후 흑인 청소년들이 범죄자의 길로 가는 게 안타까워서 체육관을 열어 무료로 개방했다. 운동으로 범죄에 빠지는 걸 막으려는 의도였다. 하지만 얼마 가지 않아 자금이 바닥났다. 이 위기를 재기로 넘겨보려 대결을 신청했으나 체육위원회는 그의 나이를 이유로 경기 승인을 거부했다. 그때 포먼은 이와 같이 말했다.

"내가 재기하려는 이유는 아이들 때문입니다. **그들에게 생명, 자유, 행복이 이루어진다는 걸 보여주고 싶습니다.**"

1994년 10월 5일, 45세의 포먼은 29세의 마이클 무어를 10회

KO승으로 이기고 20년 만에 다시 세계 챔피언 자리에 올랐다. 누구도 불가능하다고 했던 45세의 포먼을 챔피언으로 만든 건 그의 강한 확신이었고, 그 확신을 하게 한 건 바로 아이들을 향한 사랑이었다.

사랑은 사람을 강하게 만든다. 용기와 희망을 불어넣어준다. 불가능한 일을 가능케 한다. 이런 위대한 사랑이 아니라 해도 퇴근 후 집 안의 식물에 물을 주며 사랑을 쏟는 것, 강아지를 쓰다듬어주는 것, 따뜻한 욕조의 물에 몸을 담그는 것이 모두 사랑의 표현이다. 자기 몸을 잘 돌보는 것도 사랑의 표현이다.

누군가 좋아하는 것과 사랑하는 것의 차이를 물었다.

"꽃을 좋아하면 꺾지만, 꽃을 사랑하면 물을 준다."

이 말처럼 사랑은 상대를 살려주고 성장하게 한다. 좋아한다고 상대를 꺾어버린다면 이게 참사랑일까. 상대가 하는 일이 잘 풀리게 힘이 되어주고 성장하도록 지원하는 게 진짜 사랑이다. 어떤 커플은 만남이 길어질수록 서로 성장하는가 하면 어떤 커플은 만날수록 자꾸 침체가 된다. 입으로는 사랑한다고 하지만 실제로는 이기적인 욕구를 채우는 만남일 때 성장이 아닌 비난과 상처가 남는다.

진정한 사랑은 입술로 달콤한 말을 하는 게 아니라 행동으로 책임을 지는 거다. 나를 의지하는 내 몸과 내 마음을 편안하게 해주는 것이 사랑이다. 아내와 아이를 위해 수고하고 일해서 가족을 먹

내 인생아 흥해라

여 살리는 게 사랑이다. 사랑은 살려주고 성장하게 하는 부드러운 손길이요, 숭고한 희생이다.

최고의 가치는 행동하는 사랑이다

이순신 장군이 23전 23승을 한 그 배경에는 백성을 사랑하는 마음이 있었다. 왜군에게 짓밟히는 사람들을 구하려는 일편단심이 었다. 임금의 명령을 거부하면서까지 전쟁에서 부하들이 헛되이 죽지 않도록 마음을 썼다. 왜국의 포로인 어린 15살 소년에게는 글을 가르치기도 했다. **백성을 귀히 여기는 따뜻한 사람이었다.** 선조 임금이 그토록 장군의 인기를 질투하고 감옥에 가두고 가혹한 형벌을 가해도 그 마음은 변함이 없었다. 결국 졸병으로 강등된 상황에서도 여전히 나라와 백성을 걱정하고 사랑했으며, 결국 마지막 전투에서 목숨을 내놓았다.

장군의 훌륭함은 자조(自助) 정신이다. 원균 장군이 칠천량 전투에서 패배하자 겨우 남은 12척의 배를 갖고 다음 전투를 위해 하나씩 준비했다. 다시 처음으로 돌아가 배를 만들며 농사를 지어 군량미를 비축했고 거친 파도 위에서 군사들을 훈련해 강한 군대를 만들었다. 하나씩 이로운 상황을 만들어간 이순신 장군이 가진 지혜의 밑바탕에는 조선 백성을 구하려는 간절한 마음이 있었다.

최고의 가치는 행동하는 사랑이다. 수고가 없는 사랑은 사랑이 아니다. 사랑하는 그분에게 나의 모든 것을 내어드리는 삶이다. 예수님의 사랑이 그렇고 석가모니 부처님의 자비가 그렇다. 또 인류의 생활을 개선하려는 숱한 발명가들과 과학자들의 노고 또한 사랑의 표현이다. 태어난 아이에게 최선을 다하는 어머니의 희생 역시 사랑의 최고봉이다. 진정한 사랑이다.

나라를 위해, 민족을 위해 싸우지는 못할망정 최소한 내 가족과 가까운 동료, 이웃에게는 사랑의 사람이어야 하리라. 이 세상에 태어나 단 한 사람에게라도 따뜻한 사람이었느냐고 일갈하는 안도현 시인의 시를 음미하며 이 글을 마무리한다.

연탄재 함부로 발로 차지 마라.
너는
누구에게 한 번이라도 뜨거운 사람이었느냐.

- 안도현, 「너에게 묻는다」